Zipporah Bennett

Komm zurück, Tochter Zions!

SHEKINAH

Dieses Buch sowie sämtliche deutschsprachigen Veröffentlichungen
von Ramon Bennett sind in Ihrer Buchhandlung oder direkt bei
ASAPH, Pf. 2889, D-58478 Lüdenscheid, erhältlich.

Copyright © 2001 der deutschen Ausgabe:
Zipporah Bennett

Herausgeber:
Shekinah Books Ltd.,
8049 Butternut Drive, Citrus Heights, California 95621, U.S.A.
Tel/Fax: (916)721-6068
E-Mail: Shekinah@rsvl.net

Titel des englischen Originals:
Return, Daughter of Zion!
Citrus Heights, CA 2001

Übersetzung: rde

Alle Rechte vorbehalten.
Die Übersetzung, Vervielfältigung, Speicherung oder Weitergabe
dieses Buches in jedweder elektronischer, mechanischer,
photo- oder tontechnischer Form ist,
mit Ausnahme kurzer Zitate in Buchbesprechungen oder Artikeln,
nur mit schriftlicher Genehmigung des Herausgebers gestattet.

Bibelzitate wurden, sofern nicht anders angegeben,
der Revidierten Elberfelder Bibel entnommen.

ISBN: 965-90000-9-X

Printed in Germany

Meine Urform sahen deine Augen.
Und in dein Buch waren sie alle eingeschrieben,
die Tage, die gebildet wurden,
als noch keiner von ihnen da war.

Psalm 139,16

Dieses Buch widme ich den vielen, die mich immer wieder gebeten haben, meine Geschichte zu erzählen. Was mich bewog, sie aufzuschreiben, waren ihre wiederholten Fragen danach, wie mein Lebensweg bis zu dem Punkt verlaufen sei, an dem ich heute stehe.

Ich danke den vielen Menschen, die mir bei der Herstellung des Manuskripts geholfen haben: Marilyn Bryant, Hannah Amit, Martha Farmer und ganz besonders meiner Lieblings-Englischlehrerin vergangener Zeiten, nämlich meiner eigenen hochverehrten Mutter. 82jährig saß sie bis in die tiefen Nachtstunden mit mir über diesen Blättern und durchlebte alles, was hier geschildert ist, gemeinsam mit mir noch einmal. Diesmal sah sie die Dinge sich aus der Sicht meines eigenen Innenlebens entfalten. Solange ich lebe, werde ich dankbar dafür sein, daß ich ihr mein Leben so tief aufschließen konnte. Vielleicht hilft es ihr, die Wirklichkeit zu begreifen, die ich gefunden habe.

Mehr als allen anderen schulde ich jedoch meinem lieben Mann Ramon Dank. Ohne sein Verständnis, seine fortdauernde Unterstützung und seine Ermutigung zum Weitermachen, wenn ich schwache Momente hatte, wäre dieses Buch niemals zustande gekommen.

Ich lasse dieses kleine Buch in der Hoffnung in die Welt hinausgehen, daß es den Herzen vieler Menschen Leben und erhellendes Licht bringen möge – ganz besonders den Herzen solcher, die sich mit denselben Fragen beschäftigt, dieselben Gedanken gewälzt und denselben Weg gegangen sind wie ich.

Ich lade Sie ein, mich für eine Weile auf meiner Reise zu begleiten. Sollten Sie, während Sie diese Seiten lesen, sich selbst erkennen, die Quelle allen Lichts jedoch noch nicht gefunden haben, so weist Ihnen meine Geschichte vielleicht die Richtung dorthin.

Inhaltsverzeichnis

Kapitel 1	Wurzeln	9
Kapitel 2	Damals in Crown Heights	17
Kapitel 3	Feste	21
Kapitel 4	Künste	27
Kapitel 5	Das ABC	31
Kapitel 6	Ein kleiner Fisch im großen Meer	37
Kapitel 7	Studentin auf Cornell	43
Kapitel 8	Kunst um der Kunst willen	49
Kapitel 9	Unterwegs	53
Kapitel 10	Die Pilgerreise	59
Kapitel 11	Endlich in Israel!	61
Kapitel 12	Als Künstlerin in der Metropole	65
Kapitel 13	Kalifornien, hier bin ich!	75
Kapitel 14	Aloha Hawaii	81
Kapitel 15	Sprung ins Wasser des Glaubens	89
Kapitel 16	Der Betondschungel	97
Kapitel 17	Der Bund	103
Kapitel 18	Auf demselben Weg zurück	111
Kapitel 19	Die Heimkehr	117
Kapitel 20	Ein doppeltes Maß	123
Kapitel 21	Der Mann im Traum	129
Kapitel 22	Diese Sache ist von mir!	141
Kapitel 23	Singt ein neues Lied	147
Kapitel 24	Ausklang	151

1
Wurzeln

Mein Großvater hatte einen herrlichen Humor. Er war der Mittelpunkt aller Familientreffen meiner Verwandtschaft mütterlicherseits. Niemand schaffte es wie er, aus einer Serviette eine Maus zu formen und diese auch noch zum Ergötzen seiner Enkel auf seinem Arm auf und ab laufen zu lassen. Er konnte auch Comicfiguren kopieren und auf volles Seitenformat vergrößern, so daß wir Kinder sie ausmalen konnten.

Zudem war er ein großartiger Geschichtenerzähler. Unweigerlich liefen unsere Familienzusammenkünfte darauf hinaus, daß die Erwachsenen und die älteren Enkelkinder sich, nachdem das Geschirr abgetragen war, um den Eßtisch scharten, um ihm beim Erzählen von Witzen und Familienanekdoten zuzuhören. Er war aus Europa nach Amerika emigriert und erzählte viele seiner Witze auf jiddisch. Wenn die Erwachsenen dann losplatzten und sich vor Lachen die wohlgefüllten Bäuche hielten, pflegten wir Kinder verbiestert zu fragen: „Was ist denn jetzt so komisch?", um unter Glucksen und Kichern zur Antwort zu bekommen: „Ach, weißt du, das kann man einfach nicht übersetzen."

Es war an jenem Eßtisch, daß ich mir vornahm, Jiddisch zu lernen. Mehr und mehr schnappte ich auf, bis ich von den Unterhaltungen der Erwachsenen fast jedes Wort verstand oder jedenfalls den Sinn der Worte begriff. Diese Fähigkeit blieb mir erhalten, so daß ich auch später, wenn meine Eltern sich des Jiddischen als Geheimsprache zu bedienen versuchten, fast alles, was sie sagten, verstand.

An ebenjener Tafel hörte ich vom Leben in der „alten Heimat". Da ging es um den *Cheder*, wo die kleinen Kinder Hebräisch lesen, die Gebete sprechen und korrekt die Torah aussingen lernten. Andere Geschichten drehten sich um die Beziehungen zwischen den Juden aus dem *Stetl*, dem Dorf oder der Kleinstadt, und ihren nichtjüdischen Nachbarn – Geschichten, die im Laufe der Jahre legendenartige Züge annahmen. Wie gern hörten wir sie immer und immer wieder, erzählten sie uns doch von einer anderen Welt, einer Welt, zu der auch wir beinahe gehört hätten – nur daß sie eben traurigerweise nicht mehr existierte.

Ich erinnere mich an eine dieser Geschichten, in der es um das Leben in einem winzigen Flecken namens Wulka ging, einem Dörfchen nicht weit von Mlawa, nahe der Grenze zwischen dem damaligen Russisch-Polen und Deutschland. In Wulka lebten neunzig jüdische Familien Seite an Seite mit vielen nichtjüdischen Haushalten. Die Beziehungen zwischen Juden und Nichtjuden waren nicht immer angenehm, zuweilen sogar gespannt. Im Dorf gab es einen Teich, der jeden Winter zufror und auf dem die Kinder gern Schlittschuh liefen. Mein Großvater hatte auf dem Dachboden einen einzelnen alten Schlittschuh gefunden, und ungeachtet der Tatsache, daß sein Vater vom Eislaufen nicht sonderlich erbaut war, schlich er sich aus dem Haus und glitt einbeinig übers Eis. Eines Tages stritten sich die polnischen mit den jüdischen Kindern um die Herrschaft übers Eis, und das, obwohl ein Teil des Dorfteichs an die jüdische Siedlung grenzte und dieser Teil obendrein vom „polnischen" durch einen in den Teich hineinragenden Friedhof getrennt war.

Als die jüdischen Kinder es satt hatten, sich verprügeln zu lassen, steckten sie die Köpfe zusammen und schmiedeten einen Plan. Dabei machten sie sich die Tatsache zunutze, daß die „christlichen" Kinder abergläubisch waren und an Geister glaubten. Eines Abends bei einbrechender Dämmerung schnappten sich einige der besten Eisläufer, die im Besitz eines kompletten Paars Schlittschuhe waren, Bettücher, mit denen sie sich von Kopf bis Fuß bedeckten, und glitten vom Friedhof her aufs Eis hinaus. Wellenartige Bewegungen vollführend, liefen sie auf die polnischen Kinder zu. Diese schrien „Geister, Geister!" und stoben auseinander. Danach wagten sie sich nie wieder auf die polnische Seite des Dorfteichs.

Wir hörten auch von den Geschäften der Familie, die acht verschiedene Gewerbe betrieb. Eines davon war die *Tschina*, eine Teestube, die meinen Urgroßeltern gehörte. Das Lokal befand sich im Erdgeschoß ihres Wohnhauses direkt gegenüber dem Bahnhof. Da Wulka nur wenige Kilometer von der deutschen Grenze entfernt lag, hatten die polnischen Züge hier Endstation, und die Reisenden,

Bauern zumeist, die einen der in die Landschaft hineingestreuten Weiler erreichen wollten, mußten zusehen, daß sie per Pferdefuhrwerk weiterkamen. Täglich liefen zwei Züge ein, der erste davon bereits um vier Uhr morgens, so daß die meisten Reisenden einige Stunden überbrücken mußten, ehe sich eine Fahrgelegenheit zum Weiterkommen ergab. Jeden Morgen begab sich mein Urgroßvater auf den Bahnsteig, um so viele Reisende wie nur möglich in seine Teestube zu nötigen, wo Urgroßmutter bereits frischen Tee gebrüht hatte. Es war ein kleines, arbeitsintensives Geschäft, besserte aber doch die Familienkasse auf.

Damit Abwechslung auf die Karte kam und das Säckel mit ein paar zusätzlichen Kopeken gefüllt wurde, schickte Urgroßmutter ihren Sohn allwöchentlich mit dem Zug aus ihrem kleinen *Stetl* in eine andere Stadt, um Gebäck zu erstehen. Von dort ging es mit Pferd und Wagen weiter zu einem Bauern, bei dem Großvater Käse und Butter kaufen mußte. Auch wenn er schon elf Lenze zählte, war mein Großvater von so kleinem Wuchs, daß man ihn für weit jünger hielt – das half Fahrgeld sparen. Wahrscheinlich war mit der ganzen Teestube so wenig zu verdienen, daß das Geschäft in die Pleite getrieben worden wäre, hätte für die wöchentlichen Einkäufe der volle Fahrpreis aufgewandt werden müssen. Selbstverständlich trug Großvater den langen schwarzen Mantel mit Hut, wie er noch heute bei den orthodoxen Juden Brauch ist. Die allfällige Geschichte ging nun so, daß sich eines Tages ein heftiger Wind erhob, der meinem Großvater den Hut vom Kopf blies. So stand er denn barhäuptig in der Tür seines Bauern – in jener Gemeinschaft eine große Schande, um nicht zu sagen Sünde. Der Bauer fragte auch gleich, wieso er denn keinen Hut trage. Der Junge, der mein Großvater werden sollte, brach in Tränen aus und erzählte, wie der Wind ihm während der Kutschfahrt den Hut vom Kopf gerissen habe. Der gütige Bauer suchte ihm einen alten Hut heraus, der den Kopf des Jungen fast bis zum Kinn bedeckte. So angetan, machte der Einkäufer sich auf den Heimweg. Unglücklicherweise kam die Anschaffung eines neuen Huts so teuer, daß diese Investition für eine Zeitlang alle Gewinne auffraß, die die kleine Teestube abwarf.

Es war wohl auf diesen seinen regelmäßigen Reisen, daß mein Großvater erste Eindrücke vom Leben außerhalb des

Stetl gewann. Als Halbwüchsiger hatte er später den Mut, mit seinem Bruder nach Amerika auszuwandern, um einer 25jährigen Dienstverpflichtung durch die russische Armee zu entgehen. In Amerika arbeiteten beide Brüder sehr hart und holten mit der Zeit die gesamte Familie nach, einen nach dem anderen. Ohne daß sie es damals auch nur ahnen konnten, rettete dies unsere Familie vor der Vernichtung in Hitlers Todeslagern. Diesen beiden Männern verdanke ich es, daß ich überhaupt geboren werden konnte.

Väterlicherseits umgab ein Hauch von Exotik und Geheimnis die Geschichte meiner Familie. Die Fama will, daß einst ein Rabbi aus Istanbul in die baltischen Staaten auswanderte, wo man ihn den „Stambuler Rav" nannte. Daher der Name der Familie, Stambler. Niemand vermochte zu sagen, wann das eigentlich geschehen sein sollte, wohingegen feststeht, daß die Familie in den achtziger Jahren des 19. Jahrhunderts nach Amerika kam. Diese Familie gab sich weitaus verschlossener, was das Geschichtenerzählen anging. Mein Großvater väterlicherseits war bereits verstorben, als ich zur Welt kam, und meine Großmutter litt am Parkinson-Syndrom, weswegen sie immer eher wortkarg war. Erst vor kurzem habe ich in Erfahrung gebracht, daß meine Großmutter ihre Herkunft auf einen berühmten, vielzitierten kabbalistischen Rabbi zurückführen konnte, den man den „Maharal" nannte und der seinerseits ein Nachkomme König Davids war. Mag sein, daß es unmittelbar auf diese Abstammung zurückzuführen ist, daß ich in meinem Herzen solche Sehnsucht nach Gott und wahrer Anbetung verspüren sollte.

Mein Vater war ein idealistischer, tiefgläubiger Mann. Er war hochintelligent, hatte mit 15 bereits die höhere Schule abgeschlossen und begann sich auf einen akademischen Abschluß in Jura vorzubereiten. Dann aber verstarb plötzlich sein Vater, und als nunmehr Ältester der Familie mußte er für seine Angehörigen, Mutter und fünf jüngere Geschwister, die Verantwortung übernehmen. Es gelang ihm, eine Ausbildung als Anwaltsgehilfe abzuschließen und die Familie durchzubringen, indem er seine hervorragenden Unterrichts-Mitschriften abtippte und vervielfältigte. Seine jüngeren Zwillingsbrüder stellte er als Straßenverkäufer an, die vor dem Eingang der Anwaltsgehilfenschule sein Lernmaterial an den Mann bringen mußten. Da kam es unglücklicherweise zur Weltwirtschaftskrise des Jahres 1929. Vater urteilte, daß man als Anwaltsgehilfe einen Hungerlohn verdiente. Als Lehrer konnte man viermal soviel in der Lohntüte nach Hause tragen. Gesagt, getan: mein Vater wurde Schulmeister.

In der Schule lief ihm meine Mutter über den Weg: eine junge, temperamentvolle Lehramtskandidatin, die als einzige sein beliebtes Quiz richtig zu lösen wußte, in dem er nach den fünf englischen Wörtern fragte, die am meisten falsch geschrieben wurden. Sie schaffte es, in den Jahren der Weltwirtschaftskrise die Universität abzuschließen, indem sie sich an der Spitze ihrer Klasse hielt, so daß sie diverse Stipendien bekam. Großzügigerweise erlaubten ihre Eltern ihr das Weiterstudium, obwohl die Zeiten hart waren und die Familie jeden Dollar, den sie zum Unterhalt hätte beisteuern können, eigentlich bitter nötig hatte.

1940 heirateten meine Eltern, 1941 kam ich zur Welt. Meine Mutter beschäftigte ein Hausmädchen, eine junge Deutsche, die allein nach Amerika herübergekommen war, während ihre Familie in der Heimat ausharrte. Auch wenn Briefe hin und her gingen, ließen ihre Angehörigen sie doch im unklaren darüber, wie schlecht es inzwischen in Deutschland um die Juden stand. Im Amerika des Jahres 1941 hörten die Juden bloß Gerüchte über das, was unter dem Regime Hitlers vor sich ging. Irgendwann kamen keine Briefe mehr. Voller Angst und außerstande, ihren Kummer zu verschleiern, ging jene arme Frau unter Tränen ihren Pflichten im Haushalt meiner Mutter nach. Wie man mir erzählte, war es ihr einziger Trost, mich als kleines Baby im Arm zu halten. Nichts anderes vermochte ihre Nerven zu beruhigen. So kam es, daß ich, obwohl weit weg von Europa geboren, schon in zartestem Alter und ohne es zu wissen im Kummer des Holocaust gebadet wurde. Damals fiel auf meine kindliche Seele ein Schatten von Traurigkeit, und es sollte viele Jahre dauern, bis ich davon freigesetzt wurde.

Während des Zweiten Weltkrieges wurde mein Vater nicht eingezogen, weil die Familie anhaltend wuchs. Als man alleinstehende Männer aushob, hatte er sich gerade verheiratet. Als die Einberufungsbescheide dann Verheirateten ohne Kinder ins Haus flatterten, kam ich zur Welt. Als man Familienväter mit einem Kind zu den Fahnen rief, hatte soeben mein Bruder das Licht der Welt erblickt, und bald gesellten sich noch zwei Schwestern hinzu. So hatte ich anders als viele Altersgenossen das Vorrecht, meinen Vater die ganze Kindheit hindurch um mich zu haben, und der Krieg splitterte unsere Familie nicht auf.

Meine Eltern lebten als praktizierende orthodoxe Juden. Ich weiß noch, wie mein Vater allmorgendlich seine Gebetsriemen anlegte und die Morgengebete sprach, wo immer wir auch waren. Als Lehrer hatte er den ganzen Sommer über Ferien. Zu meinen frühesten Kindheitserinnerungen gehört es, wie wir aus der Stadt New York in eine Sommerfrische irgendwo an der Ostküste fuhren, um das Meer, die Seen und den Wald zu genießen. Wilde Blumen und Beeren, Surfen und Strand gehörten zu den Vergnügungen, mit denen ich aufwuchs.

Während der Sommerferien war es uns nicht immer möglich, den Synagogengottesdienst zu besuchen, aber den Sabbat hielten wir grundsätzlich. An diesem Tag fuhren wir nirgendwohin, sondern steckten Kerzen an und nahmen eine besondere Mahlzeit zu uns, zu der das Segensgebet über Wein und Brot gehörte. Alle Zutaten dieser Mahlzeit hatte Mutter bereits am Vortag zubereitet. Häufig machte sie *Challah*, den Brotzopf, den man speziell am Sabbat und in den Ferien zu sich nimmt, und weil es nicht immer möglich war, in der Fremde die kosheren Zutaten einzukaufen, wurde das Brot meist schon zu Hause in Brooklyn gebacken. Auch einen kosheren Schlachter gab es nicht überall. Manchmal kochte Mutter kosheres Hühnchen und Schmorfleisch in großen Tontöpfen ein, so daß wir Fleisch für den Sabbat hatten, auch wenn es weit und breit keinen kosheren Schlachter gab. Ich erinnere mich auch daran, wie ich auf vielen Meilen die Rückbank des Autos mit lebendigen Hühnern teilen mußte, die für den *Schochet* gedacht waren, einen zum rituellen jüdischen Schächten befugten Schlachter. Während dieser die vorgeschriebenen Gebete rezitierte, beförderte er das Geflügel mit einem einzigen Schnitt durch die Drosselvene ins Jenseits. Das Blut herauspulsen zu sehen, während die noch zappelnde Henne getötet wurde, war ein Bild, das ich erst nach vielen Jahren loswerden sollte.

Den größten Teil des Jahres, wenn nicht gerade Sommerferien waren, lebten wir in einem vorwiegend jüdischen Wohnviertel. In diesen frühen Jahren meines Lebens hatten wir nur wenig Berührung mit der weiten Welt der Heiden um uns herum. Über die Christen wußte ich nur sehr wenig. Nur von Zeit zu Zeit einmal wurde mir die Existenz der weiten Welt dort draußen überhaupt bewußt.

Eines Sommers wurden wir durch meine damals fünf oder sechs Jahre alte mittlere Schwester mit dem „Christentum" konfrontiert. Sie hatte in der Nähe unseres Sommerhauses mit einem kleinen Mädchen in ihrem Alter gespielt. Die Eltern dieses Mädchens müssen wohl Christen mit gehörigem missionarischen Eifer gewesen sein, versuchten sie meiner Schwester, so klein sie auch war, doch das Evangelium nahezubringen. Eines Tages kam meine Schwester total hysterisch nach Hause: An der Wand des Spielhäuschens ihrer Freundin hatte sie das Bild eines Mannes gesehen, „dem das Herz aus dem Leib hing, und er blutete fürchterlich". Traumatisiert schluchzend erzählte sie uns, die Leute hätten gesagt, wir würden in der Hölle rösten, weil wir nicht gläubig seien. Auch meine Eltern regten sich über diesen Zwischenfall fürchterlich auf. Ich weiß nicht, ob sie meine Schwester überhaupt noch einmal mit jenem kleinen Mädchen spielen ließen. Um so besser erinnere ich mich daran, wie ich heimlich zu jenem Spielhäuschen schlich, getrieben von der Neugier auf das Bild „des Mannes".

Einen anderen Sommer verbrachten wir auf Cape Cod, auch dort meistenteils von Heiden umgeben. Ich war es gewohnt, eine *Mesusa* zu tragen – einen Behälter, in dem sich eine kleine Schriftrolle befand, die besagte, daß „der Herr Einer ist" –, wie es das Alte Testament den Juden gebietet. Meine *Mesusa* war ein filigran gearbeitetes, sehr schönes Silberstück, in Israel von jemenitischer Hand hergestellt. Ich hatte mich mit einem kleinen Mädchen in der Nachbarschaft unseres gemieteten Sommerhäuschens angefreundet, und wir spielten häufig zusammen. Eines Tages sagte meine Freundin mir, ihre Mutter wolle nicht, daß sie weiterhin mit mir spiele, weil ich keine „Christin" sei und kein Kreuz trage. Das machte mich sehr unglücklich. Ich wollte nicht einsam sein, also erzählte ich ihr, meine *Mesusa* sei eigentlich genau dasselbe wie ein Kreuz, außer daß sie eben keine Balken habe. Was es mit dem das christliche Evangelium symbolisierenden Kreuz eigentlich auf sich hatte, entzog sich meiner Kenntnis. Wirklich, ich begriff nichts, außer daß wir irgendwie anders waren und es Leute gab, die deswegen nichts mit uns zu tun haben wollten.

2
Damals in Crown Heights

Solange ich zurückdenken kann, bewohnten wir ein und dieselbe Doppelhaushälfte in Crown Heights, Brooklyn, New York. Der Vorgarten wurde von einem großen alten Ahornbaum beherrscht, unter dem zur großen Enttäuschung meiner Mutter nichts gedieh. Seine unteren Zweige waren leicht zu erreichen, so daß wir Kinder in die grüne Baumkrone hinaufklettern konnten. Dort, abgeschirmt von der Welt, konnte ich das Gefühl genießen, in der Natur aufzugehen, und über die Wechselfälle und den Sinn des Lebens nachdenken.

Das Kommen und Gehen der Jahreszeiten brachte jene Bräuche und Rituale mit sich, die das jüdische Volk seit biblischen Zeiten von allen anderen unterschieden haben. Als Kinder lernten wir alles über Bedeutung und Wichtigkeit dieser Traditionen.

Regelmäßig besuchten wir die Synagoge. Als ganze Familie gingen wir zu Fuß zum Sabbatmorgen-Gottesdienst in eine große, schöne Synagoge. Es war ein Weg von fast einer Meile. Gerne denke ich an diese Fußmärsche zurück, boten sie doch der Familie Gelegenheit, sich den ganzen Hin- und Rückweg ausgiebig zu unterhalten. Am Weg gab es eine Menge kleinerer Synagogen, darunter die des berühmten Lubawitscher Rebbe. Im Laufe der Zeit, während sich dieser Teil Brooklyns zur Hochburg der Ultraorthodoxen entwickelte – wie er es bis heute geblieben ist –, sprossen immer neue Synagogen wie Pilze aus dem Boden.

Mitunter besuchten wir eine dieser anderen Synagogen zum Sabbatnachmittag-Gottesdienst oder bei besonderen Gelegenheiten wie einer *Bar Mizwah* oder einer Kindersegnung, zu der mein Vater von Bekannten eingeladen worden war. Regelmäßig gingen wir zu *Simchat Torah* hin, dem Abschluß des *Sukkot-* oder Laubhüttenfestes. Dieser Anlaß wurde mit Tanz und Gesang begangen. Man feierte den Neuanfang des jährlichen Torahzyklus, zu dem die Schriftrollen wieder aufgerollt wurden. Alle Rollen wurden aus dem Torahschrein vorne in der Synagoge herausgenommen, und man umtanzte das Pult des Vorlesers in sieben Reigen. Gesang und Tanz gingen oft bis auf die Straße hinaus. Zur Förderung der allgemeinen Heiterkeit schlugen nicht zuletzt die Pausen zwischen den Reigentänzen aus, in denen man etwas Gebäck und einen Schluck Wein – verwegenere Naturen auch das eine oder andere Schnäpschen – zu sich nahm, wie es die Festordnung zwecks „Fröhlichkeit von ganzem Herzen" ausdrücklich zugestand.

Jede Synagoge hatte ihre eigenen Gewohnheiten, wie sie von einem Rabbi an den nächsten weitergegeben wurden, so daß jedes Fest sein ganz eigenes Gepräge aufwies. Die ultraorthodoxen Anhänger der verschiedenen Rabbis waren sogar an ihren Kleidern zu unterscheiden: Die einen trugen lange weiße Strümpfe, schwarze Mäntel und flache Filzhüte, andere kamen in hellen Brokatmänteln und hohen Filzhüten daher. Das alles verlieh den Eindrücken, die sich mir von diesen Feiern erhalten haben, einen Hauch von mystischer Weltentrücktheit.

Bei richtiger Zeitplanung konnte es einem glücken, das fröhliche Gotteslob gleich mehrmals mitzubekommen, denn die Feiern begannen zu unterschiedlichen Zeiten und dauerten auch verschieden lange. Selbstverständlich blieben Männer und Frauen getrennt. Mein Vater und mein Bruder warfen sich ins Getümmel, während meine Mutter, meine Schwestern und ich versuchten, auf der durch einen Vorhang abgetrennten Frauenempore den besten Aussichtspunkt zu ergattern, um wenigstens als Zuschauerinnen möglichst viel von dem festlichen Treiben mitzubekommen. Wenn die Männer in der *Sukkah* tanzten und feierten, mußten sich die Frauen normalerweise darauf beschränken, von draußen durch die Fenster hineinzuspähen. Ich erinnere mich sogar daran, auf einen Stuhl gestiegen zu sein, um besser sehen zu können, wie die Männer Gott priesen. Gelegentlich erhaschte ich einen Blick auf meinen Vater und meinen Bruder, wie sie sich inmitten der Gläubigen tummelten. Die Männer waren hingerissen von ihren Melodien. Mehr und mehr wurden die rhythmischen Bewegungen, mit denen sie ihre Gesänge begleiteten, zu einem Tanz. Von ganzem Herzen gingen sie in ihren Liedern auf und hüllten sich in Hingabe ein. Auch wenn ich im Frauenbereich bleiben mußte und nur indirekt teilnehmen konnte, bewegte mich die Ergriffenheit der Männer zutiefst, und ihre Lieder erklangen wieder und wieder in meinem Kopf.

Auf diese Weise und bei diesen besonderen Gelegenheiten konnte ich mich aus erster Hand mit der „religiösen Ekstatik" vertraut machen, wie sie dem Chassidismus eigen ist. Diese frühen Kindheitseindrücke pflanzten tief in mir einen musikalischen Keim, der erst viele Jahre später aufsprossen und zu etwas ganz Ähnlichem heranwachsen sollte, nämlich dem Lobpreis des Heiligen Israels.

Die Synagoge, die wir während langer Jahre regelmäßig besuchten, war anders als die kleineren der Chassiden. Sie hatte drei Stockwerke hohe Bleiglasfenster und eine herrliche, mit reichen Renaissance-Schnitzereien versehene, goldüberzogene Decke. Es gab einen Kantor, der die Liturgie mit dem leidenschaftlichen Können eines Opernsängers intonierte, und an den hohen Feiertagen wirkte sogar ein Männerchor mit, in dem Knaben die hohen Stimmlagen übernahmen. Im Gottesdienst gab es eine Menge Musik, oftmals im Wechselgesang mit der Versammlung. Es wurden auch „Hymnen" gesungen, die ich auswendig lernte. Die Predigt allerdings geriet üblicherweise ein wenig zu lang, vor allem für einen jungen Menschen.

Wenn ich es während solcher Versammlungen müde wurde, die herrliche Umgebung zu bewundern, die in mir Ehrfurcht erweckte, erfand ich kleine Spiele, um mich zu unterhalten. Da man mir beigebracht hatte, Hebräisch ebensogut zu lesen wie Englisch, spielte ich häufig ein Spiel, in dem ich die beiden Seiten des Gebetbuchs miteinander verglich, auf dessen einer Seite der hebräische Text stand, ergänzt durch die englische Übersetzung auf der gegenüberliegenden. Hatte ich auch das satt, so schaute ich oft zu der schönen verzierten Renaissancedecke hinauf und dachte: „Wo Gott wohl ist? Hier sind wir nun und machen all diese Sachen, halten alle heiligen Tage, laufen in die Synagoge, essen koscher – sowohl zu Hause als auch woanders –, beachten sämtliche Regeln und Vorschriften, die uns von allen anderen um uns herum abheben, bloß weil er es gesagt hat – aber wo in aller Welt ist er?"

So sehr waren wir damals ins jüdische Leben Brooklyns eingebunden, daß die einzige Nichtjüdin, mit der wir regelmäßig Kontakt hatten, unser Hausmädchen war, eine stämmige, liebenswert-joviale Schwarze namens Alberta. Stets lustig und vergnügt, lag sie auf Händen und Knien und sang, während die die Böden schrubbte. Alljährlich zu Weihnachten machten wir eine kleine Pilgerreise, um sie in dem Stadtteil, in dem sie lebte, zu Hause zu besuchen und ihrer Familie – sie hatte eine Menge Kinder – Geschenke zu überbringen. Dann spielten wir miteinander und bewunderten ihren Weihnachtsbaum, den einzigen, den wir jemals aus der Nähe zu sehen bekamen. Mag sein, daß Alberta die erste wirkliche Christin war, die mir jemals über den Weg lief, und womöglich die erste, die für mich betete.

Ich erinnere mich auch noch an eine Begebenheit, als meinem Bruder an der Bushaltestelle in der Nähe unserer U-Bahn-Station ein kleines ledergebundenes schwarzes Buch als Geschenk angeboten wurde. Ich stand mit meiner Mutter an der Haltestelle, als er herbeigerannt kam und rief: „Mami, Mami, der Mann hat zu mir gesagt, ich darf das hier behalten, wenn ich verspreche, es auch zu lesen!"

Meine Mutter schaute das Buch an, und obwohl es einen echten Ledereinband hatte, beschied sie meinen Bruder: „Bring es wieder zurück und sag dem Mann, daß wir Juden dieses Buch nicht lesen. Es ist ein Neues Testament, und das ist nichts für uns!" Dasselbe pflegte sie zu sagen, wenn es um die einzige Kirche in unserer Gegend, eine römisch-katholische, ging. Jedesmal, wenn wir dort vorbeikamen, hieß es: „Das ist nichts für uns!"

3
Feste

Als orthodoxe Juden hielten wir alle Feste und Feiertage, von denen in der Bibel die Rede ist, und als Kind bedeutete jedes von ihnen mir sehr viel. Jedes einzelne Fest brachte einen zum tiefen Nachdenken über die verschiedenen Geschichten der Bibel und das, was hinter ihnen stand.

Im Frühjahr feierten wir Passah. In diesem Fest ging es um die Zeit des Auszugs aus Ägypten. Wir dachten an jene Zeit, als die Juden in solcher Eile aufbrechen mußten, daß sie ihren Brotteig, den sie in ihren Lastbündeln bei sich trugen, unterwegs ungesäuert aufbacken mußten. Also aßen auch wir eine Woche lang nichts Gesäuertes und begingen nicht eine, sondern zwei *Seder-* oder Passahfeiern. (In Amerika werden viele jüdische Feiertage dank der Zeitdifferenz zwischen Israel und der Diaspora zweimal begangen, um sicher zu sein, daß man auf jeden Fall den rechten Zeitpunkt beachtet.) Vor Passah war Grundreinemachen in der Küche angesagt, und es wurde besonderes Geschirr hervorgeholt. Sämtliche offenen Vorräte wurden gegen frische ausgetauscht, die man als „koscher für Passah" erklärte. Darüber hinaus wurde auch das ganze Haus gründlichst geputzt. Das alles galt als Symbol für das Hinaustun des alten Sauerteigs.

War alles bereit, so stand am Abend vor dem Beginn des Festes die traditionelle Suche nach gesäuertem Brot auf dem Plan. Das war jedesmal ein Spaß für die Kinder. Überall im frisch gesäuberten Haus wurden Krumen alten trockenen Brotes verstreut. Wir mußten uns überwinden, das zu tun, nachdem wir gerade so hart gearbeitet hatten, um alles auf Vordermann zu bringen. Dann machte sich mein Vater auf die „Suche" nach den Krumen, ausgerüstet mit einer Feder in der einen Hand sowie einem Talglicht und einem Pappteller in der anderen. Während er suchte, sang er die zu diesem Anlaß vorgeschriebenen traditionellen Gebete aus. Naturgemäß riefen wir „Heiß!" und „Kalt!", vor allem letzteres, wenn er hier und da ein paar von uns ausgestreute Brotkrumen zu übersehen schien. Es kam nämlich darauf an, daß sie alle gefunden und entfernt wurden: ein einziger übriggebliebener Krümel, und das Haus hätte als zeremoniell unrein gegolten. Am nächsten Morgen wurden sämtliche Brotreste im Hinterhof unseres Hauses verbrannt. Das symbolisierte die Reinigung unseres Zuhauses. Während ich all diese Handlungen beobachtete, fragte ich mich versonnen, worin denn wohl der Unterschied zwischen Rein- und Unreinsein bestehe.

In meiner Familie ging eine Legende über meinen Ururgroßvater um, der in seinem kleinen polnischen *Stetl* Passah buchstäblich so feierte, als wäre er höchstpersönlich aus Ägypten befreit worden. Und tatsächlich gebietet uns die Bibel, das Passahmahl geradeso zu uns zu nehmen. Jener Vorfahr pflegte die Regentonne auszuleeren und die ganze Küche zu überfluten, worauf er, ein Schilfrohr in der Hand, durch dieselbe watete und Gott für die gewaltige Errettung der Hebräer am Roten Meer pries. Derselbe Ururgroßvater pflegte am Sabbat kein einziges Wort zu sagen, war dieser doch ein Tag der Ruhe. Alle in der Familie erinnerten sich nur an ein einziges Mal, zu dem er sein Sabbatschweigen brach, und das war, als eine Katze sich über die *Gefillte Fisch'* hermachte, die man zwecks Kühlung auf dem Fensterbrett abgestellt hatte. Da stieß der Hausherr einen lauten Schrei aus, um die Fische zu retten. Diese Episode erzähle ich, um zu zeigen, daß man sich in meiner Familie in strengem Gesetzeseifer an das zu halten pflegte, was man für richtig hielt, so extrem das anderen auch vorkommen mochte.

Die *Seder*-Feiern selbst waren immer lustig. Jedesmal hatten wir andere Gäste zu Besuch. Entweder Großvater oder Vater lasen die *Haggada*. Diese Lesungen der Exodusgeschichte nahmen eine Menge Zeit in Anspruch. Es war Brauch, während der Zeremonie viermal Wein auszuschenken, zweimal davon vor dem eigentlichen Mahl. Das brachte es mit sich, daß wir Kinder häufig schon ein bißchen beschwipst waren, noch ehe es überhaupt etwas zu essen gab. Natürlich erwartete man nicht von uns, daß wir einen ganzen Becher leertranken, beileibe nicht, aber schon ein paar Schlückchen Wein auf nüchternen Magen taten ja bei einem Kind durchaus das ihre. So saßen wir denn entspannt und halb zurückgelehnt jedes auf einem ganzen Stapel Kissen. Die Bequemlichkeit sollte uns an die Erleichterung erinnern, die es bedeutete, von der ägyptischen Sklaverei befreit zu sein. Wir liebten es, von dem besonderen Essen zu kosten, das zu Passah aufgetischt wurde: Zuerst kamen Speisen, die an den Mörtel erinnern sollten, mit dem die Israeliten als Zwangsarbeiter in Ägypten zu tun hatten. Dann gab es die wohlschmeckende Mazzenknödelsuppe, die den Auftakt des eigentlichen Festmahls bildete.

Bei uns wurde immer ein Ritus durchgeführt, der mit dem ungesäuerten Brot, den Mazzen, zu tun hatte. Das mittlere Stück der auf dem Tisch ausgelegten Mazzen wurde in Hälften gebrochen. Eine Hälfte, *Afikomon* genannt, wurde versteckt und dann von einem Kind gestohlen, nur um später freigekauft zu werden, konnte man doch den *Seder* nicht abschließen, ohne einen letzten Bissen von ebendiesem Mazzenstück genommen zu haben. Die Bedeutung dieses Rituals blieb mir ebenso verborgen wie das Mazzenstück selbst während der Feier. Erst viele Jahre später gingen mir die Augen auf, und ich begriff dieses deutliche Bild auf den Messias der Juden. Er wird bis ganz zum Ende verborgen bleiben, aber ohne seine Wiederkehr können die Dinge nicht zum Abschluß kommen.

Im Herbst begingen wir die „hohen Feiertage": zuerst den zweitägigen *Rosch Haschanah*, das jüdische Neujahrsfest. Zum zweiten Neujahrstag gehört der Brauch, die *Taschlich-* oder „Wurf"-Gebete zu sprechen. Dazu begibt man sich an ein fließendes Gewässer, kehrt seine Taschen nach außen und entleert den Staub ins Wasser, was das Abtun der Sünde darstellen soll. Dieser Ritus dient der Vorbereitung auf *Jom Kippur*, den Versöhnungstag, der sich in der folgenden Woche anschließt. Für uns lag das nächste natürliche fließende Gewässer im Botanischen Garten von Brooklyn, einen einstündigen Fußmarsch von unserem Haus entfernt. Normalerweise gelangte man dorthin per U-Bahn binnen zehn Minuten, doch an einem heiligen Tag war es uns verboten, einen Zug zu benutzen oder auch nur Geld bei uns zu tragen. Nun pflegte man in unserer Familie seine Kleidung sauber und in Ordnung zu halten, so daß sich in den Nähten und Falten der Taschen nur wenige bis gar keine Fusseln fanden. Dennoch bedeutete mir dieses Ritual immer sehr viel. Bewußt suchte ich mir Krümel zusammen und trug sie in meinen Taschen umher, um sie dann ins Wasser zu werfen. Den ganzen langen Fußweg über befingerte ich sie in den Taschen. Wenn wir dann von dem ausgedehnten Gang zum frischen fließenden Wasser mitten in der Stadt heimkehrten, fühlte ich mich irgendwie reiner, auch wenn ich nicht wirklich verstand, woher das kam.

Ich erinnere mich an ein Jahr, als meine Mutter und ich auf diesem Marsch irgendwie den Vater samt dem Rest der Familie aus den Augen verloren. Plötzlich steckten wir auf einer winzigen Insel fest, über die der Pfad führte. In unserer Nähe gab es einen Baum, und wir waren umringt von mindestens zweihundert bärtigen Chassidim in schwarzen Mänteln, allesamt mit den gleichen Hüten auf dem Kopf und ihrem Rebbe, der soeben an uns vorbeigeschritten war, auf dem Fuß nachfolgend. Verstehen Sie: Wer in der Nähe des Rebbe bleibt, darf hoffen, an dem Segen der ihn umgebenden Aura teilzuhaben. So etwas, eine ganz besondere Gegenwart des Heiligen, wollte ich auch gern einmal erleben, aber der Rabbi war samt seiner Aura an mir vorübergeschritten, und ich hatte es noch nicht einmal bemerkt. Ich sah nichts anderes um mich herum als eine Masse von Männern in schwarzer Kleidung. Damals war ich ungefähr zwölf.

„Auf geht's!" sagte meine Mutter, aber ich stand da wie gelähmt, unfähig zu irgendeiner Bewegung. „Jetzt komm schon", drängte Mutter, „die werden uns nicht anrühren, schließlich sind wir Frauen!" Und tatsächlich, als sie mich an der Hand hinter sich her mitten in die einschüchternde Menge schwarzumhüllter Männer hineinzerrte, öffnete sich eine Schneise, und wir kamen unberührt hindurch. Verstehen Sie: Die Männer waren ans Wasser gekommen, um Reinigung zu erlangen, und wollten keinesfalls riskieren, sich rituell zu verunreinigen, indem sie versehentlich mit einer Frau in Berührung kamen.

Auch wenn der Fastenzwang an *Jom Kippur*, dem Versöhnungstag, erst ab einem Alter von 13 Jahren galt, dauerte dieser Gottesdienst für Kinder doch elendig lange. Den größten Teil des Tages verbrachte man in der Synagoge. Als ich das Alter von 13 erreicht hatte, lernte ich, daß es nunmehr darauf ankam, einen ganzen Tag lang zu fasten, also weder zu essen noch zu trinken. Am späten

Nachmittag sangen wir im Verlauf der Liturgie das *Neila*-Gebet, dessen erste Worte lauten: „Höre, himmlischer Vater, während sich die Himmelstore schließen! Gewähre uns, daß unser Schrei im Buch des Lebens versiegelt sei!" Während ich mir vorstellte, wie die Himmelstore sich schlossen, wurde in meinem Inneren ein wirklicher Schrei laut: ein verzweifeltes Verlangen nach Gewißheit, daß meine Gebete tatsächlich im Himmel angekommen waren. Indes wußte ich nie wirklich, ob das der Fall war oder nicht. Wir lebten alle in der Hoffnung, daß die guten Taten unseres Lebens irgendwie die schlechten überwiegen möchten, so daß uns ein mildes Urteil erwartete.

Als nächstes stand auf dem jährlichen Festkalender *Sukkot*, das Fest der Laubhütten, verzeichnet. Es folgte dem *Jom-Kippur*-Fasten auf dem Fuße, nur vier Tage später. Schon immer wollte mein Vater eine *Sukkah* oder Hütte haben, um das Fest so begehen zu können, wie die Torah es gebot. Gegenstand dieses Begängnisses war die Erinnerung daran, wie die Israeliten statt in festen Behausungen in Zelten überdauert hatten.

Eines Tages ganz kurz vor *Sukkot* fuhren wir im Auto von daheim weg, als wir an der nächsten Ecke vor dem Gebäude der Telefongesellschaft etliche abgestellte Paneele aus stabilem Sperrholz erblickten. Es handelte sich um Verpackungsmaterial irgendwelcher neu angelieferter Schaltschränke. Jedes Paneel trug die sauber aufgestempelte Beschriftung *Bell Telephone Company*. Mein Vater stieg in die Eisen und parkte seinen Wagen in zweiter Reihe. Er sprang aus dem Auto, schnappte sich aus dem Kofferraum ein Stück Schnur oder Draht und maß damit die Paneele ab. Eine Nachfrage bei den Arbeitern im Inneren des Gebäudes ergab, daß es sich bei den Sperrholztafeln tatsächlich um Verpackungsabfall handelte. Flugs wurden wir abkommandiert, auf die Paneele aufzupassen, während Vater nach Hause zurückfuhr, um nachzumessen, wie groß die Veranda vor unserem Haus war. Es dauerte nur ein paar Minuten, dann war er mit Decken und Seilen wieder zur Stelle. Die Paneele hatten genau die richtige Größe! Sie wurden aufs Dach unseres Wagens verladen und nach Hause geschafft. Unter Mithilfe einiger Schüler meines Vaters wurde aus diesen Verpackungspaneelen mittels viel Hämmern und Sägen unsere über Jahre genutzte *Sukkah*.

Wir dekorierten sie mit Früchten und befestigten hübsche Bildchen an den Paneelen, um die *Bell-Telephone-Company*-Aufschriften zu überdecken. Da die Laubhütten vorübergehende Bleiben darstellten, fuhren wir jedes Jahr mit Vater zu den Canarsie-Marschen hinaus – eine Tour von etwa vierzig Minuten –, um dort die harten Stengel des Fuchsschwanzgrases zu schneiden, mit denen wir das Dach unserer Hütte eindeckten. Das war für uns Kinder immer ein ausgesuchtes Vergnügen. Jedesmal fanden wir wilde Astern und andere Blumen, und die Expedition kehrte mit vollbeladenem Wagen zurück. Danach würde es Wochen dauern, bis das Auto von Binsen und Reetstengeln wieder gereinigt war, aber es machte jede Menge Spaß. So jedenfalls wurden wir in unserem Straßenviertel die erste Familie, die eine *Sukkah* ihr eigen nannte.

Die *Sukkah* gemahnte an die Wüstenwanderungszeit der Israeliten. Die Bibel gebot, das Haus zu verlassen und sieben Tage in einer Hütte zuzubringen. In einem Jahr nahm ich mir vor, in der *Sukkah* auch zu übernachten. Ich erhoffte mir davon ein realistisches Gefühl vom Leben in einem Wüstenzelt. Nun gab es in der Hütte keine andere Schlafgelegenheit als den Eßtisch, der in ihrer Mitte stand. Ich nahm mein Kissen und ein paar Decken, aber als es Mitternacht geworden war, hatte ich keine andere Offenbarung empfangen als die, wie schrecklich hart sich die Tischplatte anfühlte und wie empfindlich kalt es geworden war. Ich gab mich geschlagen, raffte Decken und Kissen zusammen und zog mich ins Haus zurück, um die Wärme und den Komfort meines Bettes zu genießen.

4
Die Künste

Meine beiden Eltern waren gebildete, kunstinteressierte Leute, die uns Kinder anhielten, unseren Horizont zu erweitern. So kam es, daß das Theater zum Bestandteil unseres Lebens wurde. Ein paar Freunde meines Vaters betrieben eine Schauspielschule namens „Dramatische Werkstatt". Aus ihr gingen später mehrere große Stars hervor, darunter, wenn ich mich recht erinnere, Tony Curtis und Harry Belafonte. In ihren frühen Jahren fiel es dieser Einrichtung jedoch schwer, ihre Ränge zu füllen, und mein Vater ließ es sich angelegen sein, für Publikum zu sorgen, indem er Hunderte von Schülern in die Aufführungen schleuste. Alles, was die „Werkstatt" tun mußte, um ein volles Haus zu haben, war, klassische Stücke zu spielen, die im offiziellen Lehrplan für die Schulen der Stadt New York vorkamen. Die Schüler zahlten für ein vier, fünf Vorstellungen umfassendes Abonnement eine geringe Gebühr, die Mimen spielten vor vollem Haus, und im Laufe der Zeit konnte das Theater auf eigenen Füßen stehen, weil es zwar kleine, aber stetige Einkünfte erzielte. Im Ergebnis war auch ich während meiner ganzen Kindheit immer wieder im Theater und sah etliche klassische Stücke, darunter solche von Shakespeare, viele, viele Male. Jedesmal, wenn mein Vater sich mit seinen Freunden vom Theater traf, ließ er uns Kinder nicht etwa mit einem Aufpasser zu Hause, sondern nahm uns mit. Während er sich dann mit seinen Kumpeln im Theaterbüro unterhielt, wurden wir in den Saal geschickt, um uns die gerade laufende Aufführung anzuschauen.

Mit 13 Jahren traf ich den Entschluß, Ballerina zu werden, und fing an, Tanzunterricht zu nehmen. Mit meiner Mutter ging ich ins Ballett, wo ich nach der Vorstellung die Tanzstars am Bühnenausgang abzupassen pflegte, um ihre Autogramme auf meinem Programmzettel zu ergattern. Als ich 14 geworden war, trat ich ins Ausbildungsprogramm eines professionellen Ballettstudios im Theaterviertel von Manhattan ein. Meine Lehrerin war eine russische, mit schwerem Akzent sprechende Ballettmeisterin, Madame Platova. Sie trainierte mehrere Berufstänzerinnen. Von nun an bekam ich mit eigenen Augen zu sehen, wie viele Stunden endlosen Übens vonnöten waren, bevor jemand berufsmäßig tanzen konnte, und es dauerte gar nicht lange, bis ich entschied, daß eine Karriere als Tänzerin wohl doch nicht das Richtige für mich sei.

Nichtsdestoweniger nahm ich weiter Kunst- und Musikstunden. Ich ließ mich am Klavier ausbilden und übte an dem schönen Instrument, das unserem Wohnzimmer zur Zierde gereichte. Irgendwie fiel es mir schwer, vom Blatt zu spielen. Für mich schien es das Beste zu sein, die einfachen kleinen Akkorde nach dem Gehör zu spielen. Als meine Lektionen komplizierter wurden, pflegte ich meine Lehrerin zu bitten, mir das jeweilige Stück vorzuspielen, damit ich hören konnte, „wie es klingen muß". Noten benutzte ich eigentlich nur, um mein musikalisches Gedächtnis zu trainieren. Allerdings war dies eine Methode, die ihre Grenzen hatte.

Als ich später in der höheren Schule war, ermutigte man mich, ein Instrument zu lernen, und ich entschied mich fürs Cello. Auch hier war es wieder so, daß ich leichthin nach Gehör spielte, und nachdem ich ins Schulorchester abgeordnet worden war, brachte ich die Kameradin, die den gleichen Part hatte wie ich, dazu, ihn mir vorzuspielen, und lernte so meine Stücke. In meinem Abschlußjahr brach der Schlagzeuger des Schulorchesters plötzlich die Schule ab, so daß ich für einige Monate dazu kam, die *Timpani*, die großen Kesselpauken, zu spielen, wozu ich mich freiwillig gemeldet hatte. Bei unserer Abschlußfeier genoß ich das zweifelhafte Privileg, inmitten des Orchesters, angetan mit Graduiertenhut und -umhang, aufzustehen, um beim Einmarsch der Absolventen den Takt zu schlagen, der ihnen den Marschrhythmus vorgab, in dem sie sich durch den langen Mittelgang nach vorne zum Podium zu bewegen hatten.

Dies war die Zeit, ehe die meisten Amerikaner sich tagtäglich vor den Fernseher hockten, und ich brachte eine Menge Zeit mit Lesen und Kunststunden zu. Wenn ich zum Unterricht wollte, mußte ich normalerweise vier Häuserblocks weit laufen, um zur U-Bahn zu kommen, und dann eine kurze Strecke mit dem Zug fahren.

Diesen Fußmarsch bis zur U-Bahn-Station machte ich sehr häufig. Ich erinnere mich daran, wie ich eines Abends, einiges an neuem Lesestoff aus der Bücherei an die Brust gedrückt, von dort nach Hause ging, zwischen den hohen Häusern der Stadt zu den Sternen hinaufschaute, die in der Dämmerung allmählich hervortraten, und vor mich hin sinnierte. In der Schule hatten wir gerade etwas über Astronomie und die Himmel gelernt. Wir hatten gehört, wie weit es von der Erde bis zum Mond war und wieviel weiter von dort bis zur Sonne. Wir hatten von der Geschwindigkeit des Lichts gehört, das sich mit 186 000 Meilen pro Sekunde fortbewegt, und hatten die Aufgabe bekommen, die schwindelerregende Entfernung auszurechnen, die zwischen dem nächstgelegenen Stern und der Erde liegt, und dann die Zeitdauer zu ermitteln, die das Licht braucht, um diese Entfernung zurückzulegen. Es machte mich nachdenklich, zum Abendhimmel hinaufzuschauen und all diese blinkenden Sterne zu sehen. Wenn all das wirklich stimmte, dachte ich, wenn es Jahre gebraucht hatte, bis dieser feine Lichtstrahl an jenem Abend meine Auge erreichte ... Und schon war sie wieder da, jene eine Frage, die in mir herumspukte: Wo in alledem war Gott?

5
Das ABC

Nicht nur auf dem Gebiet der Musik und der Künste, sondern auch im Bereich der allgemeinen Bildung wollten unsere Eltern stets das Beste für uns, und so sorgten sie dafür, daß ich eine Schule besuchte, die zwar in einem anderen Stadtbezirk lag, aber sehr gut war. Bald freilich zeigte sich, daß nicht nur die Entfernung zu dieser Schule ein Problem darstellte, sondern auch die Tatsache, daß ich wegen der besonderen Schule überhaupt keine Kinder aus der Nachbarschaft kannte. Also wurde ich umgemeldet und besuchte im nächsten Jahr die örtliche Schule, die gleich um die Ecke lag. Meine Lehrerin haßte ich. Sie war alt, spindeldürr und überaus streng. Darüber hinaus mochte sie, wie ich glaube, die jüdischen Schüler nicht. Die Klasse war riesig, und ich lernte überhaupt nichts.

Meine Eltern versuchten ihr Bestes und schickten mich nacheinander auf zwei verschiedene *Jeschiwas* (orthodoxe Schulen). So glücklich sie auch waren, daß ich dort Hebräischunterricht erhielt, so nachteilig wirkte es sich aus, daß der Englischunterricht nicht viel taugte. Außerdem konnte ich mit keiner dieser Schulen richtig warm werden. Hauptgrund meiner Abneigung war, daß wir dort sonntags Unterricht hatten.

An einer der *Jeschiwas*, zu denen sie mich schickten, bekam ich tagtäglich zur Mittagszeit klaustrophobische Anfälle. Der Eßraum lag im Keller und hatte keine Fenster. Mit Kindern vollgestopft, stank es dort immer nach alten Thunfischbrötchen. An der anderen Schule gab es Probleme mit den Abwasserrohren. Solange ich dort war, waren die Toiletten verstopft, so daß es in dieser Schule noch viel übler stank als in der anderen. Also hieß es zurück zur öffentlichen Schule. Das Verhältnis zu meiner Lehrerin wurde nur um so schlimmer, weil ich eine Zeitlang fort gewesen war.

Als ich es irgendwie bis in die dritte Klasse geschafft hatte, wurde mein Bruder eingeschult. Nach den Erfahrungen, die sie mit mir gemacht hatten, wollten meine

Eltern ihn nicht auf eine öffentliche Schule schicken. Also wurden wir beide an eine weitere Privatschule geschickt, wo jeweils den halben Tag hebräisch und die andere Hälfte englisch unterrichtet wurde. Diese Schule folgte einem anderen Lehrplan als die religiös ausgerichteten *Jeschiwas*. Es handelte sich um eine zionistische Ganztagsschule. Hier wurden wir mit dem Hebräischen nicht bloß als der Sprache der Synagoge und der heiligen Schriften, sondern als des Alltagsidioms *Erez Jisraels*, des Staates Israel, vertraut gemacht. Inzwischen war der Zweite Weltkrieg vorbei: Wir schrieben das Jahr 1949, und der Staat Israel hatte soeben das Licht der Welt erblickt.

Ich weiß noch, wie wir in der Schule den ersten Unabhängigkeitstag Israels begingen. Jedem Kind wurde eine kleine israelische Flagge in die Hand gedrückt, und auf dem eigens geschmückten Schulsportplatz fanden eine großangelegte Parade und eine Feier mit hebräischen Liedern und Tänzen statt.

Meine Klasse war überschaubar; wir fühlten uns wie eine kleine Familie. Auf dieser Schule und in derselben Klasse blieb ich bis zum Ende des achten Schuljahrs. Sämtliche Schüler der Klasse waren aufgeweckt, aber es gab eine Sache, in der ich alle anderen übertraf, und das war das Verstehen des gesprochenen Hebräisch. Darin wurde ich so gut, daß ich als Übersetzerin für die anderen Kinder fungierte, wenn der Hebräischlehrer via Gegensprechanlage mit dem Rektor redete, besonders bei solchen Anlässen, wenn er über die Klasse Klage zu führen hatte. Diese frühe Sprachschulung sollte sich im Fortgang meines Lebens als verborgener Schatz erweisen.

Zu Hause zeigten meine Eltern großes Interesse am neugegründeten Staat Israel. Endlos wurde über das Für und Wider einer Umsiedlung nach dort debattiert. Wir hörten Tonbandaufnahmen früher israelischer Volksmusik, sowohl von Chören als auch von den berühmten Sängerinnen Schoschana Damari und Jaffa Jarkoni. Immer und immer wieder hörte ich mir diese Lieder an, so lange, bis ich sie fehlerlos mitsingen konnte. Auch wenn ich damals nichts davon wußte, waren es diese kindlichen Gesänge, die die Wurzeln des Zionismus tief in mein Herz hinabsenkten. Gleichzeitig eignete ich mir beim Mitsingen der hebräischen Texte einen ausgeprägten amerikanischen Akzent an, der mich einen großen Teil meines Erwachsenenlebens begleiten sollte.

In der Schule lernten wir eine Menge über das Land Israel, das Leben dort, die geographischen Gegebenheiten, die einheimischen Schriftsteller und Dichter. In Musik machten wir uns mit hebräischen Liedern vertraut. Die gesamte Klasse übte sich am *Chalil*, der in der damaligen israelischen Musik so viel benutzten Flöte.

Man unterwies uns auch in der israelitischen Geschichte weit hinter die Zeit der Gründung des modernen Staates zurück. Wir hörten von jahrhundertelangem Antisemitismus, davon, wie man die Juden verfolgt und von einem Land ins andere gejagt hatte, und davon, wie man ihnen die Schuld an der Pest in die Schuhe schob, waren sie doch die einzigen, die sich mit dieser Seuche nicht infizierten. Der Grund dafür, so lernten wir, lag darin, daß sie die jüdischen Speisevorschriften beachteten, die vor jeder Mahlzeit eine rituelle Waschung der Hände fordern. Wir hörten furchterregende Geschichten über die spanische Inquisition, die die Juden zur Konversion und zum Genuß von Schweinefleisch zwang, wenn sie nicht sterben wollten. Wir hörten von den Märtyrern, die lieber umkamen, als daß sie sich verunreinigten. Man erzählte uns von Juden, die „Marranen" wurden, Menschen also, die sich nach außen hin zum Christentum bekannten, innerlich aber dem Judentum treu blieben. Sie bauten in ihre Häuser Geheimzimmer ein, in denen sie im Verborgenen die Sabbatkerzen entzünden und jüdischen Gebräuchen frönen konnten. Unsere Lehrer erzählten davon, wie man versuchte, diese Leute auszuspionieren. Eine besonders schreckliche Geschichte handelte von einer Familie, in deren Haus die Inquisitionstruppen einbrachen, als der Hausvater soeben die Sabbatkerzen anzündete. Die ganze Familie wurde dem Martyrium überantwortet.

Ferner lernten wir, was unserem Volk durch die Hände anderer „Christen" zugefügt worden war und wie die Juden an vielen Orten Europas hatten leiden müssen. Wir hörten von Pogromen, Verfolgungen und Kreuzzügen – ob nun von Katholiken oder Protestanten ausgeführt, es war immer wieder dieselbe Geschichte. In meiner Phantasie wurden diese Erzählungen überaus lebendig. Ganz besonders eine davon nistete sich für lange Zeit in meinem Kopf ein. Sie handelte von einem hübschen jungen Mädchen mit langem wallendem Haar, das sich im Mittelalter weigerte, zum Christentum überzutreten. Sie wurde dazu verurteilt, an ihren Haaren von einem Pferd zu Tode geschleift zu werden. Die letzte Bitte, die sie äußerte, war die nach ein paar Nähnadeln. Diese nahm sie, um ihre Kleider an ihrer eigenen Haut festzustecken, weil sie sich zwar nicht wegen der Schmerzen sorgte, die auf sie warteten, wohl aber vor den heidnischen Gaffern ihre Blöße bedeckt sehen wollte.

Auch über den Holocaust wurden wir belehrt, und man schärfte uns ein, diese Dinge niemals zu vergessen.

Als Kind begriff ich nicht bloß die Tränen meines Kindermädchens nicht, sondern hatte auch keine Ahnung davon, daß mit einer einzigen Ausnahme jedes in Europa zurückgebliebene Mitglied meiner weitverzweigten Familie in den Todeslagern umgekommen war. Nicht daß man mir diese Dinge absichtlich vorenthalten hätte – man sprach bloß nie darüber. Daß ich Näheres über den Holocaust erfuhr, trug sich auf andere Weise zu.

In der zionistischen Schule war in der Klasse unter mir ein rothaariger Junge, der aus Europa zugereist war. Sein Name war Gershon. Um sein Schulgeld aufbringen zu können, arbeitete seine Mutter als Küchenhilfe in der Schulküche. Sie sprach mit Akzent und trug auf ihrem Arm eine Nummer, die irgendwie gräßlich aussah. Gershon selbst war 1942 im Warschauer Ghetto geboren worden. Seine Eltern fanden einen Weg, ihn wie irgendeine Handelsware in braunes Packpapier eingeschlagen hinauszuschmuggeln, während er schlief. Ihnen kam zugute, daß er nicht dunkelhaarig war: Dank dieses Umstands fanden sie eine Heidin, die sich bereit erklärte, den Jungen, solange der Krieg andauerte, als ihr eigenes Kind aufzuziehen – gegen Bezahlung, versteht sich. Irgendwie überlebten die Eltern den Krieg, fanden ihren Jungen wieder und wanderten nach Amerika aus. Mir fiel es sehr schwer, mir all dies anzuhören, sei es, weil Gershons Erzählungen meine Kindheitserinnerungen an die Tränen unseres Hausmädchens wieder aufrührten oder weil sie einfach viel zu schrecklich klangen, um wahr zu sein.

Auch einer unserer Hebräischlehrer war Überlebender der Konzentrationslager, und während er uns davon erzählte, daß die Lagerinsassen so unterernährt waren, daß sie sich beim Hofgang im Frühling mit Heißhunger auf die allerersten grünen Blätter und Gräser stürzten, zeigte er uns die Nummer an seinem Arm. Er erzählte uns auch, daß man im Lager nicht das geringste von der Befreiung durch die Alliierten wußte. Die Häftlinge bekamen zwar mit, wie die Wärter fluchtartig das Weite suchten, waren aber viel zu schwach und ausgemergelt, um das Lager zu verlassen und irgendwohin zu gehen. Dann warf man überm Lager Essenspakete ab, und unter den samt und sonders hungernden Ex-Gefangenen brachen Kämpfe um diese Nahrungsmittel aus. Schlimmer noch: viele, die die Schrecknisse der Lager überstanden hatten, starben in letzter Minute, weil ihr Verdauungsapparat die plötzliche Nahrungszufuhr nicht verkraftete, die er dank der Pakete voller Konserven bekam. Unser Lehrer schilderte uns, wie er für seinen Teil alles weggegeben und nur das Brot für sich behalten hatte, das er an einem Stock überm Feuer röstete und von dem er zehn Tage lang aß. Erst dann habe sein Magen andere, reichhaltigere Nahrung bei sich behalten können. So etwas kann man sich kaum vorstellen, wenn man satt und wohlgenährt ist.

Als wir dann die frühen fünfziger Jahre schrieben und das Fernsehen aufkam, sahen wir die ersten von GI's aufgenommenen Amateurfilme von der Befreiung der Konzentrationslager. Da gab es Massen skelettgleicher Menschenleiber in pyjamaartigen gestreiften Uniformen mit aufgenähten Judensternen. Diese Leute wirkten eher tot als lebendig und hatten, wie sie sich da mit letzter Kraft an den Stacheldrahtzäunen der ehemaligen Lager festhielten, so gut wie nichts mit den Juden gemein, die ich in Amerika kannte, oder besser gesagt mit gar nichts, das ich auch nur entfernt mit Judentum assoziiert hätte. Jahrelang verfolgte mich dieser Anblick toter Leiber und auch der lebenden, die wie Gerippe aussahen. Auch die Bilder von aus Menschenhaut gefertigten Lampenschirmen ließen mich nicht mehr los. Zu Hause freilich wurde über diese Dinge nie sonderlich gesprochen, abgesehen davon, daß für meine Mutter unerbittlich feststand, sie werde nie im Leben einen deutschen Volkswagen kaufen und nie wieder ein deutsches Wort in den Mund nehmen (und sie war des Deutschen fließend mächtig).

6
Ein kleiner Fisch im großen Meer

1954 war ich 13 Jahre alt und wechselte aus der winzigen Abschlußklasse meiner Privatschule an eine große öffentliche Schule. In meiner gewohnten Schulumgebung hatte ich mich sicher gefühlt, aber als ich mich jetzt einer unüberschaubaren Menge neuer Gesichter gegenübersah, fühlte ich mich von Anfang an befangen und wurde verschlossen. Meine Schüchternheit wurde noch dadurch verstärkt, daß mein Vorname in dieser neuen Umgebung auf einmal fremd und fehl am Platz klang. Obwohl viele Kinder an dieser höheren Schule jüdisch waren und vermutlich hebräische Geburtsnamen hatten, benutzten sie in der Schule samt und sonders ihre „englischen" Namen wie Jane, Judy, Nancy oder Linda. Ich für meinen Teil hatte allerdings nur einen einzigen Namen bekommen, und Zipporah hieß außer mir niemand.

An der Schule gab es einen Rauhbauz, unter dem ich viel zu leiden hatte. Seine schwarze Lederjacke, sein Gürtel und seine Stiefel waren samt und sonders mit blanken Nietenköpfen versehen. Obwohl er ziemlich kurz geraten war, gehörte er zu einer Bande, so daß alle Welt Angst vor ihm hatte. Als notorischer Störenfried mußte er in einer der Klassen, die ich besuchte, allein in der letzten Bank sitzen. Ich saß drei Reihen weiter vorne, aber zwischen uns beiden gab es nur leere Tische. Er hörte nicht auf, mich wegen meines Namens gnadenlos zu hänseln. Im Flüsterton, so daß der Lehrer es nicht hören konnte, stotterte er jede Unterrichtsstunde, 45 Minuten lang, Tag für Tag meinen Namen: „Da...da...da...po...rah! Da...da...da...po...rah!..."

Die Ankunft in der Wirklichkeit war hart, im Frühling jedoch wurden die Klassen nach Begabung der Schüler neu sortiert, und ich ließ meinen Belästiger hinter mir. Alsbald fand ich mich in sämtlichen Auszeichnungskursen wieder, zusammen mit den begabtesten und sympathischsten Kindern – fast ausschließlich Juden.

Obwohl es sich um eine öffentliche Schule handelte, bekamen wir zu den jüdischen Feiertagen ausnahmslos frei. Faktisch war es so, daß die Schule zu diesen Terminen zumachte, waren doch über 80 Prozent der Schüler jüdisch. Der Rest setzte sich aus etwa 15 Prozent Schwarzen und fünf Prozent Italienisch- und Irischstämmigen zusammen. Auch mußte ich im Winter freitags, wenn wir noch spät Unterricht hatten, die Schule früher verlassen, um nicht den Sabbat zu entweihen, indem ich nach Sonnenuntergang einen Bus benutzte. An der Schule gab es nur einige wenige Schüler, deren Familien die jüdischen Gesetze derart konsequent beachteten, aber man gab uns rechtzeitig frei, um vor Sabbatbeginn nach Hause kommen zu können. Endlich einmal brachte es einen spürbaren Vorteil mit sich, orthodox zu leben!

Je weiter die Zeit voranschritt, um so mehr Wettbewerb gab es in den Auszeichnungskursen. Wir wußten alle, daß nur die besten Schüler zu den besten Schulen zugelassen werden würden; und man sagte: Das *College*, das du besuchst, wird dich für den Rest deines Lebens prägen. Es war nicht leicht, sich von dieser Geisteshaltung nicht anstecken zu lassen. Die *College*-Ausbildung hielt man auch bei Mädchen für wichtig: Je exklusiver die Schule, um so besseren Kameraden würde man begegnen, und das würde ja nun für die Zukunft eine gehörige Rolle spielen. Ich glaube, man spricht in diesem Zusammenhang von sozialer Durchlässigkeit nach oben. Nun fand ich durchaus Gefallen an dem Gedanken, die Stadt zu verlassen und eine gute Schule zu besuchen, aber der ganze Druck und das Konkurrenzdenken um mich herum gingen mir schwer auf die Nerven. Das Lernen machte mir Spaß, aber bisher hatte ich meine Motivation einzig und allein daraus geschöpft, daß die Dinge mich interessierten oder meine Neugier erweckten. Mindere Beweggründe hatten bei mir keine Rolle gespielt.

Da man in meiner Familie Bildung für wichtig hielt, sollte ich studieren. Während meines letzten Schuljahrs fanden an unserem Familientisch uferlose Debatten über die Frage statt, welche Art Studium an welcher Hochschule es denn nun für mich sein sollte. Es wäre ein leichtes gewesen, sich an einer der Hochschulen in der Stadt einzuschreiben, aber jedem strebsamen jungen Menschen aus New York kam es darauf an, einen Studienplatz an einer Universität außerhalb der Stadt zu ergattern. Die Erwägungen, an welchen Hochschulen mir die Türen möglicherweise offenstehen könnten, zogen sich endlos hin. Zu berücksichtigen waren meine Noten, die Vorschrift, daß jeder *High-school*-Absolvent sich nur an vier verschiedenen Universitäten bewerben durfte, und die Tatsache, daß es in jenen Tagen geographische Zugangsquotierungen zu den Studienorten gab. Diese Quotierungen liefen tatsächlich darauf hinaus, daß man mit einem entlegenen Provinznest als Heimatort sogar bei schwächeren Noten bessere Aussichten hatte, von einer guten Hochschule aufgenommen zu werden, als wenn man aus dem Großraum New York kam. Ins Eingangssemester wurden nämlich tausend Aspiranten aus ebensovielen Orten aufgenommen. Um all diese Fragen drehten sich unsere Unterhaltungen immer und immer wieder.

Um zum Studium zugelassen zu werden, mußte man ja auch noch einen harten Marathon an Aufnahmeprüfungen bestehen. Um mich darauf besser vorzubereiten, schrieb ich mich für einen speziellen Studienvorbereitungskursus ein, der nachmittags stattfand. Dort machten wir Woche für Woche simulierte Prüfungen. Danach wurden sämtliche Prüfungsfragen einzeln durchgesprochen, so daß wir sowohl den Stoff lernten als auch die Prüfungssituation trainierten. Das war mir eine große Hilfe, als der schicksalsschwangere Tag der Prüfung endlich gekommen war. Man hatte ja doch eine Menge Angst, kläglich zu scheitern.

Zu den Bewerbungsunterlagen für ein Hochschulstudium gehörte eine schriftliche Begründung, warum man sich für die betreffende Universität entschieden hatte. In einer Familie, wo beide Elternteile Englischlehrer waren, lief das darauf hinaus, daß ich diesen Text abfaßte und meine Mutter ihn dann korrigierte, woraufhin mein Vater die Korrektur meiner Mutter korrigierte, begleitet von oft hitzigen Debatten zwischen den beiden. Im Ergebnis festigte sich bei mir die Überzeugung, daß ich niemals imstande sein würde, irgend etwas Sinnvolles zu schreiben – ganz zu schweigen von einem Buch, wie Sie es jetzt gerade lesen!

Nächster Schritt war eine Befragung – Dreh- und Angelpunkt des ganzen Bewerbungsprozesses –, von der die Zulassung wohl stärker abhing als von allem anderen. Es schien so viel daran zu liegen, den Sprung auf eine der vornehmen Provinzuniversitäten zu schaffen! Jedes jüdische

Mädchen aus New York träumte davon. Ich schätzte mich glücklich, daß meine Eltern mir jedwede Unterstützung angedeihen ließen, ganz zu schweigen davon, daß sie auch willens waren, mich das ganze Studium hindurch finanziell zu unterstützen – und das, obwohl ich das erste von vier Kindern war, das ein Studium antreten sollte. Nichtsdestotrotz hatte ich große Angst, zurückgewiesen zu werden.

Jeder an mich adressierte Brief, der in jenen Tagen im Postkasten lag, jagte mir einen Todesschrecken ein. Würde er die Einladung zu einem Gespräch enthalten oder eine Ablehnung? Meine Finger zitterten jedesmal so sehr, daß ich kaum den Umschlag aufgerissen bekam. Endlich kam die Einladung zu einem Bewerbungsgespräch an der Cornell-Universität. Mit dieser Chance war ich sehr einverstanden: Vielleicht war es sogar die beste Wahl, handelte es sich doch nicht nur um eine der renommierten Elite-Universitäten, sondern obendrein noch um eine im Staat New York gelegene, was mir deshalb zugute kam, weil mir bereits ein staatliches Stipendium zugesagt war, das aber nur dann zur Auszahlung kommen würde, wenn ich eine Ausbildungsstätte im Staat New York besuchte. Das würde meinen Eltern die finanzielle Last erleichtern.

Meine Eltern bereiteten mich streng auf jede nur denkbare Frage vor. Ich für meinen Teil stand stundenlang vorm Kleiderschrank und überlegte, wie ich mich möglichst gewinnend anziehen sollte. Nach vielen Anproben entschied ich mich für ein selbstgenähtes aprikosenfarbiges Kleid. Dazu würde ich schwarze Pumps mit flachen Absätzen, eine schwarze Handtasche und weiße Handschuhe tragen. In jenen Tagen war es für eine „Dame" undenkbar, zu einem Bewerbungsgespräch ohne Handschuhe zu erscheinen.

Am Morgen des großen Tages nahm ich die Handtasche aus dem Schrank, und irgendwie wirkte sie plötzlich schäbig und abgestoßen. Ich griff zu der Schuhcreme, mit der ich soeben meine Schuhe gewichst hatte, und polierte damit die Handtasche. Jetzt sah sie wie neu aus, tiefschwarz glänzend. Und dann kam auch schon der gefürchtete, schicksalsträchtige Augenblick: Ich mußte vier Straßen weiter zur U-Bahn-Station laufen, um die Bahn in die Innenstadt zu nehmen, wo die Bewerbungsgespräche abgehalten wurden, und das alles in meinem großen Staat. Kaum war ich aus der Haustür, fiel ein Frühjahrsschauer vom Himmel. Als ich am Fahrkartenschalter angekommen war, stellte ich mit Schrecken fest, daß die Schuhcreme von meiner Handtasche bei dem Regen meine weißen Handschuhe total versaut hatte. Die folgende Dreiviertelstunde im Zug bestand aus nichts als Panik, durchsetzt mit lähmender Lebensmüdigkeit. Was sollte ich bloß machen? Ohne Handschuhe konnte ich nicht auftreten, aber mit diesen Handschuhen auch nicht!

Glücklicherweise war die Fahrzeit lang genug, um einen Plan zu schmieden. Als ich das Hochschulbüro betrat, nahm ich das *corpus delicti*, die schwarze Handtasche, genauso in die Hand, wie ich sie getragen hatte, als das Malheur im Regen passierte. Man bat mich, in einer Wartezone Platz zu nehmen. Ich wandte dem Empfangstisch den Rücken zu, zog die Handschuhe aus und hielt sie wie zufällig so gegen die Tasche, daß von den zahlreichen schwarzen Flecken nichts zu sehen war. Dann fragte ich, wo sich die Damentoiletten befänden, was mir ja schließlich nach der langen Bahnfahrt niemand krummnehmen konnte. Dort gab es heißes Wasser und Seife, und ich schrubbte so lange auf den peinlichen schwarzen Flecken herum, bis sie kaum noch zu sehen waren. Dann wrang ich die Handschuhe in Papierhandtüchern so lange aus, bis sie zwar noch feucht, aber nicht mehr tropfnaß waren, woraufhin ich, mich locker und unbefangen gebend, in die Wartezone zurückkehrte, bis mein Befrager Zeit für mich hatte. Dank meiner guten häuslichen Vorbereitung auf die zu erwartenden Fragen bestand ich das Interview gut, und niemand sollte je erfahren, daß ich die ganze Zeit durchweichte Handschuhe in der Hand hatte.

Man sagte uns, die Ergebnisse der Befragung würden wir per Post erfahren. Als das entsprechende Schreiben kam, schlotterte ich wieder vor Angst. Nervös riß ich das Kuvert auf.

Ich hatte es geschafft! Angenommen – nasse Handschuhe hin oder her! Jetzt lag eine ganz neue Welt vor mir.

7
Studentin auf Cornell

Die Reise an die Universität trat ich allein an. Meine Eltern konnten mich nicht hinfahren, weil die Reise je Richtung acht Stunden dauerte, und das war zu lange, weil meine Geschwister ja allein hätten zu Hause bleiben müssen. Man erwartete von mir, daß ich das verstand, aber als sie mich samt Gepäck in einen nach Ithaca, New York, bestimmten *Greyhound*-Bus setzten, fühlte ich mich doch ziemlich verlassen.

Cornell war eine der berühmtesten Elite-Universitäten Amerikas, aber das war mir voher nie durch den Kopf gegangen, und so stellte ich, auf dem *Campus* angekommen, voller Erstaunen fest, daß die Hochschulgebäude tatsächlich über und über mit Efeu bewachsen waren.[1]

Die Mädchen, mit denen ich mein Wohnheim teilte, waren ganz anders als sämtliche Klassenkameradinnen, die ich je gehabt hatte. Sie waren blauäugig, blond und absolut nicht jüdisch, abgesehen davon, daß sie auch nicht aus New York kamen. Die Kleider, die sie trugen, unterschieden sich von allem, was ich im Gepäck hatte: plissierte Faltenröcke, weiße Blusen mit Brosche am Kragen und marineblaue Pullover. Das kannte ich nicht – in New York kleidete man sich entschieden anders!

Die Regeln lernte ich bald genug. Wir schrieben das Jahr 1958, und es gab jede Menge Regeln. Abends mußten wir uns jedesmal an- und abmelden, wenn wir das Wohnheim betraten oder verließen. Allabendlich um zehn wurden die Türen verschlossen, an den Wochenenden eine Idee später. Man sagte uns exakt, wie viele Male wir es uns leisten konnten, ein paar Minuten zu spät zu kommen, bevor es Konsequenzen setzen würde. Ferner gab es Regeln hinsichtlich der Essenszeiten. Außerhalb dieser Zeiten war die Mensatür abgeschlossen. Eine andere Regel besagte, daß im Speisesaal keine langen Hosen erlaubt waren, solange die Temperatur über elf Grad lag.

---

1 Anmerkung des Übersetzers: Die Elite-Universitäten im Osten der USA nennt der amerikanische Volksmund „Ivy League schools", wörtlich: „Efeuliga-Schulen".

Und – das Essen war nicht koscher.

In unseren häuslichen Debatten über die richtige Hochschule war zwischen meinen Eltern auch die Frage nach der Verfügbarkeit koscheren Essens zur Sprache gekommen. Mein Vater hatte den Entschluß gefaßt, mir den Besuch Cornells unter der Bedingung zu erlauben, daß ich niemals von dem unkoscheren Fleisch essen würde, das in der Mensa serviert wurde. Er würde eine Extragebühr bezahlen, damit ich dreimal wöchentlich Fleischgerichte im Jung-Israel-Haus essen könnte, einem auf dem *Campus* gelegenen orthodoxen Wohnheim für männliche Studenten. Drei andere jüdische Studentinnen, die einzigen außer mir, die aus streng gesetzestreuen Familien kamen, taten es mir gleich. In der Theorie klang somit alles gut und schön. Die Jungs kamen vorbei, um uns den Hügel hinunter zu ihrem schönen alten Wohnheim mit seinen weißen Balken zu geleiten, und gleich nach dem Essen brachten sie uns treu und brav zu unserer eigenen Unterkunft zurück. Sie entsprachen mehr als ich selbst dem *Jeschiwa*-Klischee, aber ich fühlte mich in ihrer Gesellschaft wohl. Ich wußte, woran ich mit ihnen war, stammten sie doch alle aus einem meiner Familie ähnlichen Milieu und noch dazu aus der New Yorker Gegend.

Um so schrecklicher waren für mich die Mahlzeiten in unserer Mensa. Wir mußten uns in der Reihenfolge zu Tisch setzen, in der wir den Speisesaal betreten hatten, so daß man sich nicht aussuchen konnte, mit wem man essen wollte, sondern ständig mit neuen Gesichtern konfrontiert war. An jeder Tafel gab es eine „Hosteß", die darauf zu achten hatte, daß man höfliche Konversation pflegte und die Tischsitten wahrte. Man brachte uns bei, daß eine Cornell-Studentin nach jeder Mahlzeit ihre Serviette säuberlich zusammenfaltet. Dadurch würden wir uns von Studentinnen „geringerer" Hochschulen abheben. Diese Gepflogenheit erschien mir spießig bis zur Absurdität, aber das konnte man, umgeben von lauter Pomeranzen in weißen Blusen mit Brosche, die anders waren als alle Leute, die mir je begegnet ware, nicht einmal andeuten. Jede Mahlzeit war ein Leidensgang voll befangener Schüchternheit. Ich traute mich nicht, den Mund aufzumachen. Ich kannte die Mädels nicht und war gezwungen, eine Außenseiterrolle zu spielen, weil ich Abend für Abend die unkoscheren Fleischmahlzeiten zurückweisen mußte. Die anderen müssen mich für die krüscheste Esserin der ganzen Welt gehalten haben. Wenn es Hühnchen, Wiener Schnitzel, Hamburger, Steaks und was weiß ich noch gab, blieb mir nichts anderes übrig, als um eine ersatzweise gereichte „Käsemahlzeit" zu bitten, die aus zwei gelben Scheiben amerikanischen Schmelzkäses bestand und üblicherweise erst gereicht wurde, wenn alle anderen mit ihrem Essen schon halb fertig waren. Es tat weh und war demütigend, immer wieder die Aufmerksamkeit auf diese Weise auf mich ziehen zu müssen.

Nach zwei Jahren hatte ich andere jede Menge Fleisch essen sehen und selbst zahllose Scheiben amerikanischen Käses verdrückt. Ich stand an einem Punkt, wo mir nicht nur das ganzen Speisesaalsystem mit seinem Regelwerk und all dem sinnlosen, aber immer höflichen Geschnatter zutiefst verhaßt war, sondern ich mich auch zu fragen begann, wie wichtig es eigentlich war, koscher zu bleiben. Ich konnte keinen Sinn mehr darin sehen, das normale Speisesaalessen immer nur an mir vorübergehen zu lassen, zumal es sich nicht bestreiten ließ, daß die Speisen, je nachdem, welcher Koch gerade im Jung-Israel-Haus Dienst tat, häufig weitaus appetitlicher wirkten als dort. Doch wie dem auch sei: ich wußte, wie wichtig es meinem Vater war, daß ich koscher blieb, und schließlich war er es, der für meine Kosten aufkam. So schwer es mir auch fiel, ich war entschlossen, seinen Wunsch zu achten.

Eines Tages traf ich eine Freundin namens Judy, die ich eine Weile nicht gesehen hatte. Sie erzählte mir von ihrem neuen Job als Kellnerin im Haus der Studentenunion, einem Gebäude, das mehrere Mensen, eine Bibliothek und einen klassischen Konzertsaal beherbergte. Dort mußte man zu ebenjenen Zeiten arbeiten, in denen es in den Wohnheimen Essen gab, und wer bei der Studentenunion jobbte, wurde deshalb vom obligatorischen Tischgeld befreit – und von der Verpflichtung, an den Mahlzeiten des eigenen Wohnheims teilzunehmen. Judy sagte, es würden dort noch einige Kellnerinnen gesucht, und nahm mich zu der Dame mit, die ihre Vorgesetzte war. Wir nutzten die Gunst der Stunde, und ich wurde mit sofortiger Wirkung als Kellnerin für den offiziellen Speisesaal angestellt.

Endlich hatte ich einen ehrbaren Ausweg gefunden! Über Nacht wurde ich zur Werkstudentin, die vom

Tischgeld befreit war. Ich bezahlte jetzt meine Mahlzeiten direkt und hatte die Freiheit zu essen, was ich wollte, zumal mein Vater nicht mehr für meine Verpflegung aufkommen mußte.

Allerdings war diese Lösung ein wenig heikel, da ich meinen Eltern nicht erzählen wollte, daß ich nicht länger koscher aß, wußte ich doch, welchen Schlag ihnen diese Neuigkeit versetzen würde. Ich entschloß mich, weiterhin von Zeit zu Zeit im Jung-Israel-Haus zu essen, damit ich ehrlich sagen konnte, daß ich nach wie vor dort speise. So würde ich meinem Vater den Kummer ersparen, den er hätte, wenn er erführe, warum ich wirklich den Kellnerinnenjob angenommen hatte.

Mit dem neuen Job schlug ich zwei Fliegen mit einer Klappe. Ich entkam den widerwärtigen Szenen im Wohnheim-Speisesaal und konnte meinen Eltern etwas von der finanziellen Last abnehmen, die mein Studium ihnen aufbürdete, zumal soeben mein jüngerer Bruder ebenfalls auf Cornell angenommen worden war, so daß Vater und Mutter nun nicht mehr einen Studenten, sondern gleich zwei unterhalten mußten. Zusätzlich zu dem Stipendium, das ich bekam, verdiente ich nunmehr auch meine Verpflegungsausgaben selbst, so daß ich mir letzten Endes das Studium mit eigenen Mitteln erarbeitete.

Obendrein machte mir das neue Arrangement Spaß. Nicht viele Frauen genossen das Vorrecht, in der Studentenunion zu speisen. Die an den offiziellen Speisesaal, in dem ich arbeitete, angrenzende Studenten-Cafeteria stand jenen männlichen Studenten offen, in deren Wohnheimen es keine eigenen Mensen gab. Dort konnte ich als Mitarbeiterin des Hauses zum halben Preis essen, und das noch gemeinsam mit meinem Bruder. Zwischen uns herrschte eine Nähe, die an zu Hause erinnerte, und das bedeutete mir inmitten meiner fremden neuen Welt sehr viel.

Mehr und mehr wurde offensichtlich, daß man als Jude in der weiten Welt nicht unbedingt willkommen war. Ich lernte, daß das Wort *wasp* (Wespe) nicht bloß ein Insekt mit einem häßlichen Stachel bezeichnete, sondern auch ein Akronym war: *WASP* bedeutete *White Anglo Saxon Protestant* (weiß, angelsächsisch, protestantisch). Wenn man von den „weißen Häusern" sprach, hatte ich das, naiv, wie ich war, immer auf die Bauweise der weißgetünchten hölzernen Wohnheime bezogen, mußte aber lernen, daß der Ausdruck ein Hinweis auf deren Bewohner war: In diese Häuser durften nämlich nur *WASP's* einziehen, wobei der eine oder andere Alibijude oder -schwarze die Ausnahme war, die die Regel bestätigte. Das fand ich heraus, als mich eines Tages ein blonder junger Mann nach dem *Football*-Spiel zu einer Party einlud, die in einem der „weißen Häuser" stieg, und ich feststellen mußte, daß es außer mir auf dieser Party niemanden gab, der dunkelhaarig war und einen dunklen Teint hatte. Diese Erkenntnisse versetzten mir einen ziemlichen Schock.

In die ganze Wohnheimszene paßte ich zweifellos nicht hinein, und so fühlte ich mich zu Kommilitonen hingezogen, die genau wie ich deren vermeintlich von jeher gültige Grundlagen in Frage stellten. Wir meinten auf der Suche nach einem Ideal zu sein, von dem wir dachten, es auf ganz anderen Wegen finden zu können ...

8
Kunst um der Kunst willen

Ich freundete mich eng mit zwei jüdischen Mädels aus New York an, die Kunst studierten. Eine der beiden war Judy, meine Kollegin im Haus der Studentenunion. Oft und lange unterhielten wir uns über den Sinn des Lebens. Ich fing an, mit ihnen und den „Intellektuellen" im Konzertsaal, wo man den ganzen Tag klassische Musik zu Gehör brachte, viel Zeit zu verbringen. Der Konzertsaal lag direkt über dem Speiseraum, wo ich bediente. Dort begegnete ich Leuten, die kunstsinniger und eher *Bohémien*-Typen waren als all die *Football*-Begeisterten und die ganzen Landeier mit ihren weißen Blusen in den Wohnheimen. Ich lernte das Denken des Existentialismus kennen und wurde mit einigen herausfordernden Autoren vertraut gemacht: Camus, Kerouac, Hess und anderen. Und ich interessierte mich immer mehr für die schönen Künste.

In meiner Jugend hatte ich jahrelang Zeichenstunden genommen. Ich kannte alle Kunstmuseen New Yorks. Jetzt reizte es mich, Kunst zu studieren – nichts anderes als die reine Kunst mit ihren Absoluta an Schönheit und Anmut. In ihr schienen alle Antworten verborgen zu liegen.

Allein, ich war nicht für Kunst eingeschrieben, und so nahm ich, nachdem ich das Grundstudium beendet hatte, mein verdientes Geld und schrieb mich für den Sommer an der bekannten Künstlerkolonie Provincetown auf Cape Cod, Massachusetts, ein. Dort studierte ich bei einem chinesischen Maler, der anhand von Stilleben abstrakte Malerei betrieb. Meine Bilder sahen aus wie verwischte Blumen- oder Obstschalen-Stilleben. Freilich entrieten sie nicht eines gewissen Charmes und waren als Wohnzimmerzierat überm Sofa durchaus gefragt. Nachdem ich mein Studium auf Cornell abgeschlossen hatte, besuchte ich den Sommerkurs der Kunststudentenvereinigung in Woodstock, New York. Meine Familie entschloß sich, mir dort *in toto* den Sommer über Gesellschaft zu leisten. Gesagt, getan: es wurde ein kleines Sommerhaus gemietet, in dem wir alle beieinander sein konnten.

Bei der Kunststudentenvereinigung studierte ich bei einem vierschrötigen abstrakten Expressionisten, der uns für den gesamten Sommer nur zwei Farben gestattete: ein ins Goldene changierendes Ockergelb und gebranntes Sienna, ein rostfarbenes Braunorange. Mehr als das bräuchten wir nicht, so sein Credo. Diese Einschränkung sagte mir nicht sonderlich zu, aber dafür durften wir uns an lebenden Modellen üben, und unser Meister verstand sich darauf, die Klasse zu interessanten Experimenten anzuleiten, die in unsere Arbeiten ein Gefühl von Freiheit und Spontaneität einfließen ließen. Was mich besonders ermutigte, war, daß mein Lehrer ausgerechnet eine meiner Arbeiten auswählte, um sie als Beispiel für die Leistungen seiner Klasse in der neuen Schulbroschüre abzubilden.

In Woodstock begegnete ich vielen anderen Künstlern, die sich aus der New Yorker Sommerhitze in die hüglige Landschaft geflüchtet hatten. Wir schrieben das Jahr 1962, einige Jahre bevor Woodstock für das große *„Happening"* berühmt wurde, das den Namen des Ortes in alle Welt tragen sollte. Die Künstlerkolonie war noch jung und nicht völlig kommerzialisiert, und noch gab es dort eine Reihe von Künstlern, deren Arbeiten mich anspornten, in meinen eigenen Bemühungen fortzufahren.

Doch der Sommer ging allzuschnell vorüber, und mit ihm waren auch meine vier Studienjahre zu Ende. Jetzt war ich Absolventin einer der besten Hochschulen der USA und lebte für den Augenblick wieder zu Hause, weil mir noch nicht recht klar war, was ich nun mit dem Rest meines Lebens anfangen sollte. Der Anstand verlangte, daß ich mich nach irgendeiner Beschäftigung umsah, mir jedoch stand meine ungebrochene Faszination für die Welt der Künste im Weg, und im Lichte meines Idealismus wirkte jeder profane Job wie ein Prostituieren meiner Talente. Mein Herz schlug einfach für etwas anderes. Wenn ich mich einen Nachmittag lang um einen Job bemüht hatte, blieb ich hinterher unweigerlich in einem der Künstlercafés in Lower Manhattan hängen, traf alte Künstlerfreunde, lernte neue kennen und unterhielt mich stundenlang über Ideen, Ideale und darüber, was zeitgenössische Künstler mit ihren Werken wohl „sagen" wollten.

Meine Familie erwartete von mir, daß ich am Sabbat und zu den Feiertagen mit in die Synagoge ging, aber das tat ich nur, weil ich zu Hause die Füße unter den Tisch streckte und mich meinem Vater verpflichtet fühlte. Das fragende Herz, mit dem ich als Kind zur Decke der Synagoge hinaufgeschaut und mich nach Gott gesehnt hatte, war jetzt von der Suche nach dem abstrakten Ideal der Schönheit eingenommen, wie es das griechische Denken postulierte, mit dem ich durch all meine Philosophie- und Kunstkurse in Berührung gekommen war. Die Wahrheit mußte irgendwo anders zu finden sein als in der Synagoge.

Ich kannte einen Bildhauer, der im Museum einen Kurs für Erwachsene gab, in den er mich gerne aufnahm. Und nicht nur das: er widmete mir eine Menge Zeit, weil er mich als ernsthafte Schülerin einstufte. Ich erzählte ihm, daß es mich mehr denn je danach verlangte, mich weiterzuentwickeln, mich der Kunst um ihrer selbst willen hinzugeben. „Weißt du, Zip", sagte er, „die beste Kunstschulung, die du machen kannst, bekommst du, wenn du die europäischen Museen besuchst." Europa ... Da entflammte etwas in mir, eine Idee, die seit langem in meiner Phantasie geschlummert hatte.

Kurz nach dieser Unterhaltung machte ich mit einem Künstlerfreund einen Spaziergang im Greenwich-Village-Park. Die afroamerikanischen Beatrhythmen einer Band im Ohr, die irgendwo im Hintergrund spielte, saßen wir dort auf einer Bank, als ich ihm von meinem Wunsch erzählte, Europa zu bereisen.

„Europa", sagte er. „Da war ich fünfmal. Hast du denn überhaupt Kohle für den Trip?"

„Ja", vertraute ich ihm an, „ich hab immer noch was von meinem Lohn als Kellnerin an der Uni gespart."

„Soll das heißen, du hast das Geld und sitzt immer noch hier und denkst drüber nach?"

Noch Tage später spukte mir diese Frage immer wieder im Kopf herum, bis ich mich schließlich entschied. Zehn Tage später schiffte ich mich auf der *France* nach Le Havre ein.

9
Unterwegs

Mein erstes Ziel war Paris, jene Stadt, von der ich am ehesten annahm, daß sie den Schlüssel zu den großen Geheimnissen der Kunst bergen mochte. Ich verbrachte einige Monate in einem billigen Hotel im Künstlerviertel, in dessen oberen Etagen sich eine interessante Ansammlung von allerlei Künstlern und Exulanten angefunden hatte. Weil ich zu meinem Zimmer jedesmal eine sehr steile Treppe hinaufsteigen mußte, versuchte ich den *Concierge* mehrfach dazu zu bewegen, mir ein Zimmer auf einem der tiefergelegenen Stockwerke des Hauses zu geben, aber ich hatte kein Glück. Wie ich alsbald zu meinem Schrecken feststellen mußte, wurden die unteren Etagen von Damen des horizontalen Gewerbes genutzt. Ich lernte Französisch an der *Alliance Française* und schlug die Zeit in Pariser Cafés tot – was immerhin meinem Spracherwerb nicht wenig zugute kam, beteiligte ich mich doch an den Unterhaltungen und lernte die Speisekarten entziffern. Und ich entdeckte den besten Platz der ganzen Stadt, um für ein paar Centimes eine wirklich heiße Dusche zu bekommen: den Amerikanischen Künstler- und Studentenclub, der sich ganz in der Nähe meines Hotels befand.

Dort erlebte ich eines Abends eine Riesenüberraschung. Plötzlich kam ein Mann in die Halle spaziert, der genau wie Michael aussah – Michael, der künstlerische und handwerkliche Leiter des Kinderferienlagers, an dem ich mich mit 16 als Mitarbeiterin beteiligt hatte. Ein bißchen älter als ich, hatte er seinerzeit auf dem Dachboden der Scheune gelebt und gearbeitet, in der auch die Werkstatt untergebracht gewesen war. Eine komfortablere Unterkunft hatte er abgelehnt, weil ihm daran gelegen war, möglichst viel Raum für sein eigenes Kunstschaffen zur Verfügung zu haben. Ich war damals total in ihn verknallt gewesen, aber er hatte kaum Notiz von mir genommen, so daß es ein Sommer unerfüllter Liebe gewesen war.

Mittlerweile war er ein junger Bildhauer, der mit Schweißtechniken in Metall arbeitete – und hier stand er im

Club, ein zusammengerolltes Handtuch in der Hand! Auf der Stelle freundeten wir uns an und verbrachten fortan endlose Stunden damit, in seinem Atelier über das Wesen der Kunst, die Botschaft im Werk eines Künstlers und darüber, was es in unseren Tagen zum Ausdruck zu bringen galt, zu diskutieren. Draußen vor der Tür durchlitt Paris den kältesten Winter seit 35 Jahren. Die Bahngleise versanken im Schnee, so daß kein Zug fuhr und es in der Stadt kaum Kohle zum Heizen gab. Der Unterschied, den es ausmachte, ob ich in meinem Hotelzimmer den Warm- oder den Kaltwasserhahn aufdrehte, wurde von Tag zu Tag geringer. Im selben Maß, wie sich unser beider Beziehung intensivierte, wurde der Winter rauher. Draußen lag jede Menge Schnee, und in Michaels Atelier mit seinen hohen Lichtgaden wurde es immer zugiger, so daß man es fast nicht mehr aushalten konnte. In Wintermänteln und Handschuhen, umgeben von aufgeschichtetem Holz, das Michael in den Straßen aufgeklaubt hatte, um daraus Podeste für seine großen Bronzeguß-Skulpturen anzufertigen, saßen wir in einem geschlossenen Raum, als wäre es im Freien, und führten unsere ideologischen Debatten. Was das Holz anbetraf, so weigerte Michael sich standhaft, auch nur ein Stückchen davon als Feuerung zweckzuentfremden. Und nicht nur das, sondern mir wurde auch bewußt, daß Michael nur seiner eigenen Kunst lebte und sich in einer Welt verlor, in der nur seine Gedanken, seine Inspirationen und seine Fähigkeiten Platz hatten, während meine künstlerischen Begabungen und Ausdrucksformen für ihn ebenso uninteressant zu sein schienen, wie es seinerzeit die eines 16jährigen Mädchens gewesen waren. Es war kalt in den Straßen und kalt in den Häusern, und je kälter die Witterung wurde, um so mehr erkaltete schließlich auch mein Interesse an diesem Leben, obwohl doch mein Freund und viele andere in Paris genau das Leben zu führen schienen, nach dem ich mich so sehr gesehnt hatte. Also reiste ich weiter, diesmal nach Spanien. Vielleicht waren die Antworten, auf die es im Leben ankam, doch eher in wärmerem Klima zu finden!

In Südspanien lebte ich einige Zeit zu billiger Miete in einem Häuschen am Strand eines Fischerdorfes. Dort trieben sich noch andere Amerikaner herum, eine Gesellschaft von Dichtern, Schriftstellern und Musikern. Es herrschte ein kameradschaftlicher Geist, und wir verbrachten den Rest des Winters damit, uns über unsere Suche nach der Wahrheit zu unterhalten, ein bißchen herumzureisen und die Stierkampfarenen zu besuchen. Ich ließ mich sogar über die Meerenge von Gibraltar setzen und besuchte Tanger, wo ich die Märkte und Teehäuser erforschte. Doch als der Frühling kam, entschloß ich mich, gen Italien aufzubrechen, um die künstlerischen Meisterwerke Venedigs, Florenz' und Roms zu sehen.

Auf dem Weg dorthin, in Barcelona, lernte ich eine neue Freundin kennen. Sie war eine kalifornische Italienerin namens Sylvia und ein Mensch, wie ich ihn noch nie zuvor kennengelernt hatte. Sie freute sich einfach daran, ihr eigener Herr und am Leben zu sein und sprudelte nur so von Optimismus und einer bestimmten ansteckenden Freude. Sylvia überzeugte mich, daß man am schnellsten und billigsten per Anhalter nach Italien gelangte. Also machten wir uns nach einigen Wochen in Barcelona gemeinsam auf die Reise, die uns an der französischen Riviera entlang führte. Sie wollte Verwandte in der Toskana besuchen und ich die Meisterwerke der Kunst, um deretwillen ich den ganzen Weg von New York herübergekommen war.

Die Architektur war erhaben und beeindruckte mich tief. Doch die berühmten Kunstwerke, die zu sehen ich mich auf die Reise gemacht hatte, übten einen befremdlichen Effekt auf mich aus. Viele ihrer Motive gehörten in den Kontext neutestamentlicher Geschichten, die mir fremd waren und mir nichts bedeuteten. Es machte mir schon Schwierigkeiten, die Kirchen auch nur zu betreten, um die Kunstwerke in ihrem Inneren anzuschauen, war ich doch mit lauter Geschichten über die Verfolgung der Juden durch die Hände der „Kirche" aufgewachsen. All die Grabnischen und Krypten, die zahlreichen Kreuzigungsszenen und Martyriumsdarstellungen kamen mir abstoßend vor und ließen mich zurückschrecken. Ich fragte mich, was es wohl mit dieser Fixierung auf Blut, Dornen, Pfeile und ausgemergelte Körper auf sich haben mochte. Die biblischen Geschichten aus dem Alten Testament hatten, als ich ein Kind war, einen anderen Eindruck auf mich gemacht, und ich konnte mir nicht vorstellen, was all dies mit dem Gott zu tun haben sollte, von dem ich immer noch glaubte, daß er irgendwo dort oben in den Himmeln sei. Auch wenn ich sehr wohl wußte, daß der Gott der Juden von seinem Volk blutige Opfer auf dem Altar gefordert hatte, um für dessen Sünden gegen ihn, für seine Unheiligkeit und Halsstarrigkeit, mit der es darauf beharrte, seinen eigenen Weg zu gehen, zu sühnen, sah ich doch keinerlei Verbindung zu dem hier. Die Bilder von einem sterbenden Gekreuzigten ekelten mich an, und ich konnte keinerlei Beziehung zwischen diesen Darstellungen und irgend etwas in meinem Leben herstellen, mit Ausnahme all der Berichte über Judenverfolgungen. In den Kirchen und Museen fand ich überhaupt keine Antworten.

Immer noch ruhelos, nachdem ich Italien bereist hatte, entschloß ich mich, Skandinavien zu besuchen und die Mitternachtssonne zu sehen. Um dorthin zu kommen, mußte ich Deutschland durchqueren, worauf ich gar nicht scharf war. Ich hatte Angst, deutschen Boden zu betreten, so als hänge die dunkle Schreckenswolke des Holocausts immer noch über diesem Land. Vielleicht würde mich irgendein Übel befallen, sobald ich die Grenze überschritten hätte. Doch es half nichts, ich mußte durch Deutschland reisen.

Ausgerechnet ein paar hochgewachsene blonde Deutsche, denen ich in der Jugendherberge von Venedig tunlichst aus dem Weg gegangen war, tauchten nun überall dort auf, wo auch ich mich an die Straße stellte, um den Daumen hochzuhalten. Schließlich stiegen wir gemeinsam in das Auto eines Deutschen ein, der uns die ganze Strecke bis München mitnahm. Einer von den Jungs war sympathisch und lud mich ein, im Haus seiner Familie in einem Vorort Münchens zu Gast zu sein. Allerdings ermahnte er mich, seinem siebzigjährigen Vater ja nicht zu sagen, daß ich Jüdin sei, sonst würde dieser sehr zornig werden und mich hinauswerfen. Ich sollte mich vielmehr als Italienerin ausgeben.

Ein paar Tage darauf kam der alte Mann eines Abends in mein Zimmer, während sein Sohn gerade nicht da war, und versuchte mir auf den Zahn zu fühlen. Obwohl seit dem Holocaust mehr als zwanzig Jahre vergangen waren, hatte man mich angewiesen, mich ja nicht freimütig zu meinem Judentum zu bekennen – und nun noch dies! Mit welchen Augen hätte der Mann mich wohl angesehen, wenn er gewußt hätte, daß ich Jüdin war? Was für eine Heuchelei!

Am nächsten Morgen zog ich aus jenem Haus aus, und trotz der malerischen Landschaft ließ ich Deutschland fluchtartig hinter mir zurück.

Ich durchstreifte Dänemark, England und Irland und erforschte die Hochmoore Cornwalls. Eine Nacht schlief ich im Wohnzimmer einer liebenswürdigen irischen Dame, bei der ich angefragt hatte, ob ich wohl in ihrer Scheune übernachten dürfe, ein andermal in einem katholischen Krankenhaus, in dem mich ein freundlicher Polizist abgeliefert hatte, damit ich in einer regnerischen Nacht ein Dach über den Kopf bekam. In dem Krankenhaus legte man mir ein Anmeldeformular vor, auf dem auch nach der Religionszugehörigkeit gefragt wurde. Ich schrieb „jüdisch". Als ich am nächsten Morgen erwachte, schaute ich als erstes ins Gesicht einer Nonne, die sich über mein Bett beugte, das in einer durchaus gemütlichen Korridorecke stand. Hastig entfernte sie sich und kam mit einer Schale *Porridge* zurück. Als ich sie fragte, wieso sie mich so angeschaut habe, erwiderte sie in breitester irischer Mundart: „Ich hab noch nie 'ne Hebräerin gesehn!" Es mag daran gelegen haben, daß meine ohnehin schon dunkle Haut noch zusätzlich die – wenn auch allmählich verblassende – Bräune des Mittelmeeres zeigte, daß sie verblüfft ausrief: „Sie sind ja wohl direkt den biblischen Geschichten entsprungen!"

Es war Ende August geworden, als ich von Irland nach Schottland weitergereist war. In Edinburgh war ich in einer gemütlichen *Bed-and-Breakfast*-Pension abgestiegen, die von einer alten Dame geführt wurde, welche mir jeden Morgen zum Frühstück Eier und „ein bißchen geröstetes Brot" servierte. Als der Herbstregen einsetzte, hatte ich Tag für Tag eine Menge Zeit, über all das nachzudenken, was ich in den vergangenen Monaten gesehen und erlebt hatte. Wohin, so fragte ich mich, gehörte eigentlich ich inmitten all dieser verschiedenen Kulturen und Lebensstile? Es schien, als paßte ich nirgendwohin. Selbst in den berühmtesten Galerien Europas hatten sich mir die tiefen Geheimnisse letztgültiger Wahrheit in der Kunst nicht erschlossen, so daß ich mich zu fragen begann, ob es nicht besser wäre, einmal wieder in meinem eigenen Erbe nach Antworten Ausschau zu halten. Vielleicht war es am Ende so, daß ich meine wirkliche Identität und eine Art Zugehörigkeit dort finden würde, wo meine Vorväter gelebt hatten: in Israel.

Und so begann ich meine Pilgerreise.

10
Die Pilgerreise

Als ich aufs neue den Kontinent durchquerte, begegnete mir ausgerechnet meine Freundin Sylvia. Sie verkaufte Zeitungen vor der *American-Express*-Filiale in Paris. Sie wollte mich nach Israel begleiten, mußte aber erst noch einiges an Zeitungen losschlagen, um sich das Geld für die Reise zusammensparen zu können. Als ich hörte, wie lange sie dafür zu brauchen meinte, bekam ich Angst, daß der Überrest meiner Kellnerinnen-Einkünfte bei all den Zerstreuungen, die Paris zu bieten hatte, wie Schnee in der Sonne dahinschmelzen würde, falls ich zu lange abwartete. Nein, ich konnte nicht warten, und so nahm ich traurig Abschied von meiner Freundin. Ich empfand es jetzt als sehr dringend, mein Ziel zu erreichen: das Land meiner Vorväter!

Ich studierte meine Landkarte und fand heraus, daß der schnellste Weg nach Venedig und damit zu meinem Fährhafen durch den Montblanc-Tunnel führen würde, der mit gestrichelten Linien eingezeichnet war. Je näher man dem Tunnel kam, um so schmaler schienen die Landstraßen zu werden. Teilweise waren sie sogar unbefestigt. Ich fürchtete schon, irgendwie vom Weg abgekommen zu sein. Doch schließlich nahm mich ein siebzigjähriger Herr mit, der so freundlich war, seine Bergsteigerausrüstung von vorne auf den Rücksitz seines Autos zu verfrachten, so daß ich neben ihm Platz nehmen konnte. In gutem Englisch erzählte er mir von den Herrlichkeiten des Bergsteigens und einer Stadt namens Chamonix.

Bald kamen wir tatsächlich in diese kleine, von anheimelnden *Chalets* geprägte und zu allen Seiten von schneebedeckten Gipfeln umgebene Stadt. Ich fand es ein wenig sonderbar, daß man nirgendwo ein Hinweisschild auf den Tunnel ausfindig machen konnte. Ich zeigte dem alten Herrn meine Karte und bat ihn, mich so nahe wie möglich am Tunneleingang abzusetzen. *„Mais non!"* erwiderte er. „Es gibt keinen Tunnel. Der ist noch gar nicht gebaut!" Zu meinem Schrecken und Mißvergnügen war ich gerade am

Ende einer Sackgasse gelandet. Einer der höchsten Berge Europas stand mir im Weg!

Mein Chauffeur bestand darauf, daß ich ein paar Tage blieb und mich an der Schönheit der Berge erfreute. Da es schon spät am Nachmittag war, verbrachte ich die Nacht in Chamonix. Es war wirklich schön dort, aber ich wußte, daß ich nicht an diesen Ort gehörte. Mein Wunsch, nach Israel zu kommen, war so stark, daß ich nicht anders konnte, als gleich am nächsten Morgen weiterzureisen. Eine kleine Ewigkeit lang umrundete ich auf schmalen Gebirgssträßchen das Montblanc-Massiv, bis ich endlich auf die Hauptstraße nach Italien und zu meinem Schiff kam.

In den italienischen Alpen nahmen mich zwei schwerreiche italienische Damen in einem piekfeinen Auto mit. Die Dame, die am Steuer saß, fragte mich ohne Umschweife, ob ich Jüdin sei, und gab sich dann ebenfalls als solche zu erkennen. Weiter erzählte sie mir, wie sie während des Krieges im Untergrund gearbeitet hatte, um Juden zu verstecken. Wenn die Polizei Razzien veranstaltete, hatte sie ihre Namensverzeichnisse in Toilettenpapierrollen verborgen. Und wieder war ich mit dem Thema Krieg und Antisemitismus konfrontiert.

Sie bestand darauf, daß ich ein paar Tage in ihrem Sommerhaus in Aosta, einem berühmten Ferienort in den italienischen Alpen, verbrachte. Da die letzten zwei Tage mich sehr angestrengt hatten, willigte ich ein. Danach wollte sie mich nach Mailand mitnehmen, um mich einigen reichen italienisch-jüdischen Junggesellen in heiratsfähigem Alter vorzustellen.

Doch ich war fest entschlossen, nach Israel zu gelangen, so daß ich mich nach einigen Tagen *Pasta* und Gebirgsluft verabschiedete und nach Venedig fuhr, um mich einzuschiffen. Auf dem offenen Deck schlafend, um meine schmale Geldbörse zu schonen, gelangte ich nach fünf Tagen endlich an mein langersehntes Ziel. Ich war in Israel, dem Land der Verheißung.

11
Endlich in Israel!

Die einzige Blutsverandte, die ich in Israel hatte, lebte in Rehovot. Die Kusine meiner Großmutter, die ich „Tante" nannte, war die Einzige aus der ganzen weitverzweigten Familie, die den Holocaust überlebt hatte. Als sie 27 gewesen war, war ihre ganze Familie einschließlich ihres Mannes und ihrer drei Kinder im Warschauer Ghetto umgekommen. Sie hatte in ihren Unterarm eine Nummer eintätowiert und hatte bereits in jenen jungen Jahren all ihre Zähne verloren. Gebannt lauschte ich, wie sie erzählte, daß ihre Zähne durch die Mangelernährung von Tag zu Tag lockerer geworden seien und schließlich so wackelten, daß ihr nichts anderes übrigblieb, als sie einen nach dem anderen mit ihren eigenen Fingern herauszuziehen. Selbst jetzt, wo sie in Israel in Sicherheit war, konnte sie kaum mehr als ein paar Stunden am Stück schlafen, denn wenn sie schlief, holten ihre Erinnerungen sie ein und peinigten sie im Traum.

Nach dem Krieg hatte sie einen Mann geheiratet, der aus ihrem Heimatort stammte und ebenfalls Überlebender der Konzentrationslager war. Seine Gesundheit allerdings war durch die Lagerbedingungen ruiniert. Sie hatten sich in einem Übergangslager für Kriegsverschleppte kennengelernt, wo sie darauf warteten, ins Land Israel zu gelangen. Obwohl ihr Mann kränklich blieb, bekamen sie eine Tochter, die viel jünger war als ich und die ich „Kusine" nannte. Sie waren so überaus herzlich und wollten unbedingt, daß ich länger bei ihnen blieb, war ich doch die einzige Verwandte, die sie überhaupt hatten, aber ich wollte mehr vom Verheißenen Land sehen. Irgendwie war ich darauf aus, meine biblischen Wurzeln zu entdecken.

Doch je mehr ich kreuz und quer im Lande herumreiste, um so enttäuschter wurde ich. Ich war auf der Suche nach biblisch-geschichtlichen Bezügen, die ich als meine eigenen erkennen könnte. Doch obwohl die schiere Existenz Israels ein Wunder darstellte, waren die israelischen Lebensbedingungen in den frühen Sechzigern außerordentlich hart. Nach all den Annehmlichkeiten Europas fand ich die Städte Israels einfach nur häßlich. Mit Ausnahme Jerusalems gab es nur Gebäude aus gegossenem Zement. Die altersschwachen Busse waren stets und ständig überfüllt. Überall traf man auf bewaffnete Soldaten, die in ihren Uniformen einen unmenschlichen Eindruck auf mich machten. Die Leute waren zudringlich und aggressiv, und man hatte den Eindruck, daß jede ausländische Frau Freiwild für die Männer darstellte. Und für die Einheimischen war ich nichts anderes als eine Ausländerin. Ich, die ich gekommen war, um meine Wurzeln ausfindig zu machen, fühlte mich dem modernen, wiedererstandenen Israel in keiner Weise verbunden.

Ich dachte mir, es wäre vielleicht sinnvoller, in einem *Kibbuz* zu leben. Gesagt, getan: ich besuchte eine Freundin, die als Praktikantin in einem *Kibbuz* arbeitete. Ich hatte sie während der Überfahrt kennengelernt. Ein Mann, der die Eier zum Markt gebracht hatte, nahm mich mit. Wir steuerten wohl jeden einzelnen *Kibbuz* in jener Ecke Galiläas an, bevor ich endlich bei meiner Freundin eintraf. Denkwürdigerweise war man in jenem *Kibbuz*, nachdem ich fast den ganzen Tag in der Gegend herumkutschiert war, um dorthin zu gelangen, durchaus nicht bereit, mich als Übernachtungsgast aufzunehmen. Es war der Vorabend eines jüdischen Feiertages, und weil man an jenem Tag nicht arbeiten würde, wäre ich nicht in der Lage gewesen, Kost und Logis abzuarbeiten. Andererseits brachte es der herannahende Feiertag mit sich, daß es alsbald keinerlei Fahrmöglichkeit mehr geben würde, so daß ich den raschen Entschluß fällte, die nächstgelegene Jugendherberge aufzusuchen. Zusammen mit zwei Soldaten wurde ich von einem Lkw-Fahrer mitgenommen. Die Soldaten hatten schon nach wenigen Augenblicken ihr Ziel erreicht und bedeuteten dem Fahrer, sie abspringen zu lassen. Dieser stellte sich als arabischer Beduine heraus. Da er nicht den ganzen Weg bis zur Jugendherberge zu fahren hatte und nicht geneigt war, mich am Straßenrand stehenzulassen, nahm er mich mit in sein Dorf, wo ich ein paar Tage zu Gast blieb. Es gab wohl keine Familie im ganzen Dorf, die mich nicht zu sich eingeladen hätte. Ich trank zahllose winzige Täßchen süßen, starken Kaffees, serviert von Frauen in wallenden Gewändern, deren Gesichter tätowiert waren. So

Endlich in Israel 63

kam es, daß jenes Abenteuer im Verheißenen Land, das noch am ehesten mit etwas Altüberlieferten zu tun hatte, paradoxerweise mein Aufenthalt in einem arabischen Beduinendorf war!

Desillusioniert von Israel, wie ich war – immer noch ohne Antworten auf das Verlangen nach den letztgültigen, ewigen Dingen, das mich innerlich schier auffraß –, erwog ich, nach Indien weiterzuziehen und von dort in den Fernen Osten. Viele Leute, denen ich begegnet war, hatten von den Tugenden der östlichen Religionen gesprochen. Das Dumme war bloß, daß ich so gut wie kein Geld mehr besaß. Es reichte kaum, um zu Schiff von Eilat, dem Hafen am Roten Meer, aus nach Indien zu kommen, ganz zu schweigen davon, dort zu leben! Ich hatte keine Lust, so weit zu reisen und dann womöglich ohne Geld dazustehen. Erst mußte ich mir wieder einiges zusammensparen.

Ich hatte immer noch meine Rückfahrkarte nach New York in der Tasche. Also entschloß ich mich zur Heimkehr.

12
Als Künstlerin in der Metropole

An dem Tag, an dem Kennedy erschossen wurde, dampfte ich auf einem Schiff der israelischen Staatslinie *Zim* in den New Yorker Hafen und fand mich mit einem Mal im Haus meiner Eltern wieder. Das Karussell war zum Stillstand gekommen. Es war nicht einfach, plötzlich wieder Kind im Haus meiner Eltern zu sein, nach allem, was ich gesehen, gemacht und erfahren hatte. Einige Wochen ruhte ich mich einfach nur aus und sah mir im Fernsehen alte Schwarzweißfilme an. Doch bald war es an der Zeit, sich einen Job zu suchen, und es dauerte gar nicht lange, bis ich von neuem Geld auf die Seite zu legen begann. Doch statt gleich wieder abzureisen, entschloß ich mich, mir eine eigene Wohnung zu suchen. Ich fand eine zwar winzige, aber ansprechende Ein-Zimmer-Wohnung in Greenwich Village.

Ich fing an zu malen. In dem kleinen Raum standen die Staffeleien und Leinwände dicht an dicht, aber ich fühlte mich frei und lebendig. Ein paar meiner Bilder verkauften sich auch, so daß ich im Laufe einiger Monate genug Geld beisammen hatte, um es wagen zu können, meinen Job an den Nagel zu hängen und mich nur noch der Malerei zu widmen. Dafür aber brauchte ich mehr Platz, so daß ich meine Überlegungen darauf richtete, Räumlichkeiten zu finden, die für meine künstlerische Betätigung besser geeignet waren.

Schließlich fand ich auf der fünften Etage eines alten sechsstöckigen, aber fahrstuhllosen Fabrikgebäudes in der Lower East Side ein *Loft*, das bereits als Künstleratelier benutzt worden war. Hier konnte ich den Sommer über als Untermieterin einziehen. In dem Gebäude residierte eine Mineralwasserfirma, die hier jene alten blauen und grünen Seltersflaschen befüllte, wie man sie in jedem jüdischen Haushalt New Yorks fand. Deren Chef, Manny, hatte entdeckt, daß es sich lohnte, die verwaisten oberen Geschosse seines Fabrikgebäudes an diverse Künstler und Musiker zu vermieten. Er schien an diesem bunten Völkchen seinen

Spaß zu haben und breitete väterlich seine Flügel über seine „Schützlinge" aus.

Das *Loft* war vollkommen! Zwar mußte man auf dem Weg nach oben erstmal an einem Puertoricanerclub vorbei, wo am Wochenende lautstarke Tanzveranstaltungen stattfanden, und dann jedesmal die Tür aufschließen, die zu den oberen *Lofts* führte, aber es war riesig und kostete nur die Hälfte von dem, was ich für mein winziges Apartment im Village hatte hinblättern müssen. Und es fehlte an nichts, nicht einmal an Tauben vor der Kulisse des Sonnenuntergangs! Oben unterm Dach hielt irgend jemand Tauben, etwa 200 an der Zahl, und jeden Tag am späten Nachmittag, wenn es für die Vögel an der Zeit war, sich Futter zu suchen, ließ er sie fliegen. Hatte es jemals ein Haus, einen Ort oder eine Zeit gegeben, wo man „zu sich selber finden" konnte, dann war es hier und jetzt!

Das erste *Loft* wurde von einem Paar namens Irene und Bill bewohnt. Beide waren Künstler, die auf der Karriereleiter der New Yorker Szene schon ein paar Sprossen erklommen hatten. Bill, ein Engländer, war Expressionist und arbeitete in dem Studio zur Straßenseite hin, wo er kühne Abstraktgemälde auf die Leinwand warf. Irenes Studio lag zum Hof hinaus. Sie war Jüdin, und wir beide wurden bald gute Freundinnen. Ihre Bilder strotzten von üppigen Farben und vielerlei Gestalten. Ihr Stil tendierte zum Postimpressionismus. Diese beiden machten tiefen Eindruck auf mich, denn so unterschiedlich ihre Kunstrichtungen auch waren, so nahe standen sie sich als Eheleute.

Wir redeten viel über andere Künstler, die uns beeinflußt hatten, über deren verschiedene Stile und darüber, was jeder von uns mit seiner Kunst aussagen wollte. Inzwischen hatte ich erkannt, daß vieles, was wir in der Kunst „Sinn" oder „Bedeutung" nannten, eine rein subjektive Angelegenheit war und einzig und allein vom jeweiligen Künstler abhing. Nichtsdestoweniger gab es das gewisse Etwas, das eine Arbeit vom Durchschnittlichen abhob, sie transzendent machte – eben zu einem Stück Kunst. Dieses flüchtige Etwas war das, wonach jeder ernsthafte Künstler hungerte, mich keineswegs ausgeschlossen.

Die *Lofts* auf den angrenzenden Etagen waren jeweils in zwei Hälften aufgeteilt. In einem lebte Bills jüngerer Bruder, ein herrlich naiver junger Bursche, der soeben von England herübergekommen war. Ihm gegenüber hauste Burt, ein ausgeflippter, esoterischer Komponist moderner Klänge, den seine Inspirationen mit Vorliebe zwischen Mitternacht und vier Uhr morgens heimsuchten. In seinem *Loft* stand so gut wie gar nichts, außer einem riesigen, ehrfurchtgebietenden Piano, einer elektrischen Kochplatte und einem Bett im Schatten einer Nische. Ihn fand ich interessant, weil er seinem Komponieren alles andere im Leben geopfert hatte. Er ging mit seiner musikalischen Arbeit ganz ähnlich um wie wir mit unserer Malerei und verbreitete sich seinerseits wortgewaltig darüber, was er mit seinen Kompositionen „sagen" wolle und was andere esoterisch komponierende Zeitgenossen so trieben. Wenn es um seine Musik ging, war er empfindsam und leidenschaftlich, auch wenn es ihm so vorkam, als könne ihn niemand verstehen.

Eine Treppe höher residierte ein alternder Jazzpianist, der sich auf einem elektrischen Klavier in eher konventionellem zeitgenössischen Jazz erging. Burts stehende Rede war, dieser Kollege prostituiere sich, weil er Auftragsmusik spielte, also die reine Künstlerexistenz ohne Netz und doppelten Boden drangegeben hatte, damit der Schornstein rauchte und Brot auf dem Tisch stand. Burt dagegen war notorisch pleite und hatte kaum Geld zum Essen, geschweige denn für seine Miete.

Dem Jazzmusiker gegenüber wohnten die meiste Zeit die beiden Kunststudenten, die den Sommer über verreist waren und in deren *Loft* ich nunmehr als Untermieterin eingezogen war. Noch eine Etage höher gab es einen Burschen namens Danny, der auf den Spitznamen *Cat Man* hörte. Danny verdiente seine Brötchen als Lehrer. In seiner Wohnung hielt er ein ausgesprochen fruchtbares Siamkatzen-Pärchen, dessen Revier das *Loft* war. Was immer er tat, tat er für die Katzen. Ständig schob er irgendwelche Möbel in der Wohnung hin und her, um den Tieren eine womöglich noch geeignetere Umgebung zu bieten. Er schleppte riesige Topfpflanzen bis in die sechste Etage und verwandelte sein *Loft* in einen schieren Urwald, weil er meinte, durch Beobachtung seiner Tiere „in freier Wildbahn" das Geheimnis der Zufriedenheit entdecken zu können. Ich war ihm noch nie begegnet, bis er es eines Abends beim Begießen seiner Pflanzen so gut meinte, daß das Wasser durch die Decke zu tropfen begann und mein Apartment überflutete, so daß ich hinaufgehen und ihn bitten mußte, innezuhalten. Weil er sein Ambiente ständig veränderte, um die optimale Umgebung für die Katzen herzustellen, sollte ich später in den Besitz etlicher interessanter und wertvoller Möbelstücke gelangen, die er lieber mir schenkte, als daß er sie die ganzen Treppen wieder hinuntergetragen hätte.

Als die Zeit meines sommerlichen Untermietverhältnisses sich ihrem Ende zuneigte, fand ich heraus, daß es im Gebäude noch ein leeres *Loft* gab, das seit mehr als zwanzig Jahren nicht benutzt worden war. Darin lagen Bauschutt und der Staub der Jahrzehnte kniehoch. Ich war jedoch fest entschlossen zu bleiben, wo ich war, und brachte Manny, den Hausbesitzer, dazu, das leere *Loft* bewohnbar zu machen und mir zu einer Monatsmiete von sechzig Dollar zu überlassen. Mit Manny hatte ich mich ziemlich angefreundet: Ich bekam von ihm mein Mineralwasser gratis, und obendrein bewahrte er mir noch besonders altertümliche Flaschen auf, die er mitunter als Leergut hereinbekam. Das *Loft* in der obersten Etage war zwar heruntergekommen, bot aber phantastische Ausblicke: An der einen Seite schaute man über die *Skyline* von Lower Manhattan, an der anderen über die Brücken, die nach Williamsberg und Brooklyn führten. Wenn man die Tauben vor dem Panorama des Sonnenuntergangs fliegen sah, fühlte man sich wie auf dem Dach der Welt – auch wenn alle 14 Minuten die Hochbahn vorbeiratterte.

Mein Nachbar Danny, der *Cat Man*, entdeckte, daß sich über der Deckenverkleidung, die aus angerosteten Blechplatten bestand, noch mächtige Balken befanden, die einst einen Brand überstanden hatten. Gründlich mit der Drahtbürste gescheuert, sahen diese Balken toll aus. In jenen Tagen war ich jung und stark, so daß es mir nichts ausmachte, auf der Leiter zu stehen, die Blechplatten abzuschrauben und mich beim Scheuern der Deckenbalken von oben bis unten einzusauen. Im Zuge meiner Renovierungsarbeiten legte ich sogar einen alten, seit ewigen Zeiten stillgelegten Kamin wieder frei, der nach wie vor hervorragend zog. Es war von Vorteil, daß auch der ans Gebäude angrenzende Hofplatz Manny gehörte. So konnten wir den Bauschutt einfach in Jutesäcke schaufeln, diese zuknoten und sechs Stockwerke tief auf die Ladefläche von Mannys Wasser-Lieferwagen schmeißen, mit dem er den ganzen Kram auf die Deponie schaffte.

Alsbald begann ich ernsthaft als Malerin zu arbeiten und begegnete vielen jungen zeitgenössischen Künstlern. Einige davon hatten das Zeug, berühmt zu werden, während anderen die Vergessenheit vorprogrammiert war.

Daß jemand Erfolg hatte, war nicht immer seinem Talent zu verdanken – ein Umstand, der mich alles andere als kalt ließ. Einer meiner Bekannten trat sehr aggressiv auf, obwohl seine Arbeiten nicht sonderlich originell waren. Ihm gelang es, für eine anberaumte Ausstellung in einer der namhafteren Galerien einen gewaltigen Honorarvorschuß herauszuschinden, wohingegen ein anderer junger Künstler, mit dem ich ebenfalls bekannt war und der ungeheures Talent hatte, nicht einmal den Fuß in die Tür einer Galerie bekam. Er hatte nicht die Gabe, die Ellbogen einzusetzen, so daß seine Arbeit ihm keine finanziellen Vorteile einbrachte und er ständig pleite war. Mir wurde klar, daß in der New Yorker Kunstszene der Weg nach oben nichts damit zu tun hatte, wie begabt einer war, sondern eine reine Beziehungsfrage darstellte. Gute Kontakte zu haben und Aufmerksamkeit zu erzielen, das war alles.

Ein anderer bekannter Künstler, der mir über den Weg lief, hatte es geschafft. Er stellte in einer renommierten Galerie aus und scheffelte Geld mit seiner Kunst. Bloß befriedigte ihn sein künstlerischer und gesellschaftlicher Erfolg nicht im geringsten. Ja, er war schrecklich unglücklich. Als er ein paar Monate, nachdem wir uns begegnet waren, an einer Überdosis Drogen starb, war ich total geschockt. Irgendwo tief in mir setzte sich die Beobachtung fest, daß der enorme Erfolg, den er gehabt hatte und den ich mir genauso ersehnte, ihm keinerlei Frieden gebracht hatte.

Meine Eltern machten sich allmählich große Sorgen um mich. Mein Lebensstil behagte ihnen nicht, und die ganze Kunstszene hielten sie für ein schlüpfriges Pflaster. Eine Laufbahn als Lehrerin einzuschlagen erachteten sie als weit bessere Idee, und so begannen sie mich zu drängen, wieder die Schulbank zu drücken und einen Magistergrad als Kunstlehrerin zu erwerben. Dann könnte ich Unterricht geben und gleichzeitig weiter Kunst studieren. Schließlich kehrte ich an die Universität zurück, und sei es nur ihnen zu Gefallen.

Mein Vater gab mir auch einen Job, um die weitere Ausbildung bezahlen zu können. Er war ein begeisterter Sammler jüdischer Synagogenmusik aus dem frühen 20. Jahrhundert, der Ära der berühmten Kantoren. Er besaß die weltweit größte Sammlung dieser seltenen alten Schellack-Platten aus der Anfangszeit der Grammophone. Diese Sammlung befand sich im Keller unseres Hauses. Ihm lag daran, diese Aufnahmen der Nachwelt zu erhalten, und so gründete er eine eigene Plattenfirma, um Neubearbeitungen der alten Aufnahmen herauszubringen. Meine Aufgabe bestand darin, Fremdgeräusche aus den Bändern herauszufiltern, auf die die Platten überspielt worden waren. Vater zahlte mir fünf Dollar die Stunde, damals ein guter Lohn. Versunken in die Melodien der Synagoge, saß ich Stunden um Stunden vor dem Tonbandgerät, horchte auf Fremdgeräusche, löschte sie, überprüfte, ob sie wirklich verschwunden waren, und hörte so die Melodien immer und immer wieder. Diese Töne drangen tief in meine Seele ein, wo sie sich gleich einem vergrabenen Schatz bis zu jenem Tag einlagerten, an dem Gott mich mit neuen Liedern zu beschenken begann, die ich für ihn schreiben durfte.

Das Graduiertenstudium war in vielerlei Hinsicht eine gute Erfahrung für mich. Mein Malerei-Professor war ein älterer abstrakter Impressionist, sehr jüdisch in seinem Ausdruck, obwohl er als säkularer Humanist der Orthodoxie denkbar fern stand. Er bewegte sich seit vielen Jahren in der Kunstszene. Zwischen uns stimmte die Chemie von Anfang an, und ich wurde seine Lieblingsstudentin. Mit beinah rabbinischem Eifer brachte er mir bei, eingehender über die Ideen nachzudenken, die hinter einem Gemälde standen: Wie man Abstrakta – Schönheit, Wahrheit, Güte und dergleichen – auf der Leinwand abbilden könne, das war seine Frage. Beim Studieren der großen Meister empfand man tiefe Bewunderung und Freude, und mir wurde es wichtiger als alles andere, die Geheimnisse hinter solchen Werken zu enthüllen und meine Fingerspitzen in jene mystische Quelle zu tauchen, welche Menschen befähigte, Kunstwerke zu schaffen, die andere durch ihre Kraft und Schönheit tief berührten.

Allein, das Studienjahr war allzubald vorüber, und da stand ich nun mit meinem Magisterdiplom samt Lehrbefähigung in der Tasche.

Es war mir überhaupt nicht recht, daß mein Vater sich eines Tages mit mir auf den Weg zur Erziehungsbehörde machte, wo er einen alten Kumpel sitzen hatte, der den Posten eines Oberschulrats bekleidete. Vaters Freund konnte sich kaum einkriegen: Er habe mich ja nicht mehr gesehen, seit ich „so klein" – seine Hand wedelte auf der Höhe seiner Hüfte herum – gewesen sei! Seine Stimme gellte mir in den Ohren: „So, und jetzt möchten Sie also Tag für Tag arbeiten, ja?" Vater und er versuchten mir die Idee schmackhaft zu machen, eine Vollzeitstelle an einer speziellen Versuchsschule anzunehmen, deren Konrektor passenderweise einst Schüler meines Vaters gewesen war, so daß die denkbar besten Rahmenbedingungen für mein Vorwärtskommen gegeben gewesen wären.

Ich hatte mir eigentlich etwas anderes vorgestellt, nämlich nur ein paar Tage die Woche zu unterrichten, gerade so viel, daß ich meinen Lebensunterhalt damit verdiente. Den Großteil meiner Zeit wollte ich der Malerei widmen. Andererseits wollte ich es auch meinen Eltern recht machen. Ich glaube, in jenem kurzen Moment der Entscheidung, in dem ich mich durchrang, den Posten anzunehmen, ging mir sogar der Gedanke durch den Kopf, es könne ja so verkehrt nicht sein, eine Laufbahn einzuschlagen, die meine beiden Eltern ihr Leben lang verfolgt hatten.

Das folgende Jahr war für mich sehr schwer. Wenn ich aus der Schule nach Hause kam, stand ich immer erst ein paar Stunden vor meiner Staffelei, um dann den Abend mit Freunden im Kaffeehaus zuzubringen. Zu später Stunde heimgekehrt, schlief ich ein paar Stunden, und am nächsten Morgen begann das Karussell eine neue Runde zu drehen. Morgens steckte ich mir rasch das lange Haar fest, wechselte die Garderobe und war wieder Lehrerin. Für mich fühlte sich das wie ein schizophrenes Doppelleben an. Die Kunstszene liebte ich. Von ihr erwartete ich Antworten und die Befriedigung der Sehnsucht, die ich tief in mir spürte. Die Lehrerinnen-Existenz dagegen hatte ich alsbald zu verabscheuen begonnen, kam sie mir doch immer sinnloser vor. Ich trottete auf einem Pfad dahin, dessen ausgetretenen

Spuren mir damals die Mehrheit der amerikanischen Mittelschicht gedankenlos zu folgen schien. Mit meinen Lehrerkollegen meinte ich nicht das geringste gemeinsam zu haben. Sie repräsentierten für mich einen oberflächlich-materialistischen Lebensstil, in dem es um nichts anderes zu gehen schien als chromblitzende Autos, Plüschsofas und modischen Schick, lauter Dinge ohne jeden tieferen Sinn.

Das Problem war nur: je mehr Zeit verging, um so desillusionierter wurde ich selbst, was die New Yorker Kunstszene anbetraf. Je klarer mir wurde, an welchen Strippen man ziehen mußte, um Erfolg zu haben, um so lustloser bewegte ich mich in der Welt der Künstler. Die korrupte Verderbtheit, die ich überall um mich her sah, wurde mir verhaßt. Als mein erstes Jahr als Lehrerin zu Ende ging, kam mir keine meiner Lebenswelten sinnvoll und befriedigend vor. Meine inneren Konflikte waren so schlimm, daß ich dachte, ich würde verrückt. Irgend etwas mußte anders werden.

Während jener Monate hatte ich viel Post von meiner Freundin Sylvia bekommen, die mittlerweile in Kalifornien lebte, und auch andere Bekannte von dort hatten mir geschrieben. Sylvia war mir aus unserer gemeinsamen Zeit in Europa als stets entspannt, lächelnd und optimistisch in Erinnerung. Und ihr Leben bestand aus Kunst! Wie anders kam mir da mein gegenwärtiges Leben mit seinem verzehrenden Druck und all seinen Entmutigungen vor! Ich dachte, es würde gut sein, alles hinter mir zu lassen und zumindest für die Sommerferien der Ostküste den Rücken zu kehren. In der Hoffnung auf eine bessere Welt kaufte ich ein preiswertes, terminlich festgelegtes und nicht rückerstattungsfähiges Ticket nach San Francisco.

Etwa drei Wochen vor meinem Flug nach Kalifornien entschloß ich mich, den Sabbat zu Hause zu verbringen, weil mein Bruder, der Medizin studierte, und auch meine beiden Schwestern da sein würden. Nach dem Essen saßen wir zusammen und unterhielten uns, als mein Vater aus dem Zimmer ging, was wir vor lauter Begeisterung, unser Familienleben zu genießen, allerdings erst nach einer ganzen Weile bemerkten. Plötzlich kam er ins Wohnzimmer getaumelt und brach beinah zusammen. Im Durchzug war die Schlafzimmertür zugefallen, so daß wir seine Hilferufe nicht gehört hatten. Mein Bruder untersuchte ihn kurz, rief dann sofort einen Arzt an und sagte zu meinem Vater: „Du wirst einen kleinen Urlaub im Krankenhaus verbringen, Paps."

Zehn Tage lang hielt uns der behandelnde Arzt hin, indem er sagte, es handle sich nur um eine Darmverstopfung. Schließlich veranlaßten mein Bruder und meine Mutter, besorgt ob der Untätigkeit der Ärzte, Vaters Verlegung in ein größeres Krankenhaus. Sein Zustand verschlechterte sich zusehends. Obwohl Vater meine Mutter gebeten hatte, keiner Operation zuzustimmen, willigte er schließlich doch in einen diagnostischen Eingriff ein. Aus der Narkose wachte er nie wieder auf. In seiner Leber und anderen inneren Organen wurden nicht mehr behandelbare Metastasen gefunden.

Sein plötzlicher Tod schmerzte mich besonders deshalb, weil ich erst seit kurzem eine Reihe wirklich persönlicher Gespräche und intimer Momente mit ihm zu erleben begonnen hatte. Hinterher erkannten wir, daß Vater gewußt haben mußte, wie krank er war, obwohl es damals nicht üblich war, daß Ärzte ihre Patienten von einer tödlichen Erkrankung informierten. Vielleicht hatte er sich deshalb so sehr um meine Zukunft gesorgt. Ich weiß noch, wie ich ihn aufzuheitern versuchte, Tage nur, bevor er in die Klinik kam. Mitten in einem Telefonat mit mir sagte er plötzlich: „Zippy" – so nannte er mich immer –, „Zippy, ich bin ein todgeweihter Mann!" Worauf ich ungläubig erwiderte: „Papa, hör auf, dich so morbid aufzuführen!"

Ich blieb mit jeder Menge unverarbeiteter Gefühle zurück. Es war nicht einfach gewesen, meinen Vater zufriedenzustellen. Daß ich die Stelle an der Schule angenommen hatte, war eine Anstrengung meinerseits gewesen, seinen Wünschen für mein Leben zu entsprechen, auch wenn sie mir selbst ganz und gar nicht gefielen. Jetzt blieb ich mit der lähmenden Erkenntnis zurück, daß meine Sehnsucht nach einer tiefen, kommunikativen Beziehung zu ihm und mein Wunsch, ihm echte Freude zu machen, nie mehr in Erfüllung gehen würden. Genommen war mir auch die Aussicht auf jene Liebe und Förderung, die nur ein Vater zu geben vermag und nach der ich mich so sehr gesehnt hatte.

Er war fort.

In der jüdischen Welt jener Tage war mein Vater ein bekannter, geachteter Mann gewesen, so daß Hunderte an seiner Beerdigung teilnahmen. Der Strom der Kondolenten während der Bestattungsfeier und der anschließenden Trauerzeit ebbte gar nicht mehr ab. Immer wieder brachten Menschen mir gegenüber zum Ausdruck, als was für einen Verlust sie Vaters Tod empfanden. Mein Schmerz war so groß, daß es mich allergrößte Mühe kostete, Haltung zu bewahren. Alle diese Leute hatten einen Bekannten verloren, ich aber einen Vater.

Inmitten all dieses Kummers rückte mein kalifornischer Reisetag immer näher. Ich spielte mit dem Gedanken, die Reise abzublasen, aber so emotional aufgewühlt, wie ich war, bezweifelte ich, daß ich meiner Mutter eine rechte Hilfe würde sein können. Sie überließ mir die Wahl. Schließlich ließ ich sie in der Obhut meiner Geschwister zurück und nahm meinen gebuchten Flug nach Kalifornien, drei Tage vor Ablauf der traditionellen siebentägigen Trauerphase. Als ich am nächsten Morgen erwachte, setzte mein Flugzeug gerade zur Landung in San Francisco an, und ich sah im ersten Sonnenlicht die Golden Gate Bridge schimmern.

13
Kalifornien, hier bin ich!

Sylvia nahm mich am San Franciscoer Flughafen in Empfang. Es war herrlich, sie wiederzusehen. Wir schrieben das Jahr 1967, und ohne mir dessen bewußt zu sein, hatte mich das Leben mitten ins Kernland der Hippie-Revolution gespült. Allenthalben sah man die Auswüchse der „Blumenkinder"-Generation, die heute längst Geschichte sind. Die Ereignisse um mich herum ließen meine Trauer über den Verlust meines Vaters bald in den Hintergrund treten: Da waren die allwöchentlichen *Happenings* im Golden-Gate-Park, das pulsierende Leben in der Gegend von Haight Ashbury, die großen Tanzveranstaltungen und all das andere, was jene Zeiten charakterisierte.

Mein Gepäck hatte aus einem kleinen Koffer voller Kleider nach neuester Mode bestanden, aber das erste, was mir hier auffiel, war, daß die Leute entschieden nicht nach New Yorker Art angezogen waren. In meinen Augen sahen sie aus, als besuchten sie ein immerwährendes Kostümfest. Einige schienen mit ihren Fransenjacken und Cowboyhüten, die Frauen in langen Röcken, direkt einem im 19. Jahrhundert spielenden *Western* entsprungen. Andere trugen schimmernde Kleider in leuchtenden Farben, wieder andere Klamotten, die sich jeder Kategorisierung entzogen. Doch was es auch war, der Inhalt meines Koffers sah hundertprozentig anders aus.

Aber die Menschen unterschieden sich nicht nur durch ihre Kleidung. Sie selbst waren völlig anders als die New Yorker, aus deren Mitte ich soeben aufgebrochen war: offen, freundlich, freimütig, großzügig und entschieden nicht hinterm Geld her. In New York hatte es ein paar einsame Sinnsucher gegeben, hier aber redete jeder von der „letztgültigen Wahrheit".

Es war, als wären all diese Menschen von einem gewaltigen Magneten hierher gezogen worden. So gut wie alle „Blumenkinder" stammten aus normalen Mittelschicht-Familien, deren Lebensstil ihnen irgendwann leer und sinnlos vorgekommen war. Mir kamen nie gehörte Ideen zu

Ohren wie „im Fluß des Universums" zu sein, „zurück aufs Land" zu gehen, um ein erdverbundeneres, sinnerfülltes Leben zu finden, „seinen Nächsten zu lieben" und dergleichen mehr. Viele sangen das Hohelied der östlichen Religionen. Und zum erstenmal überhaupt hörte ich Menschen von Gott als der Liebe reden – und von Jesus.

Mit geistiger Sinnsuche konnte ich was anfangen, aber Jesus war nach wie vor ein weißer Fleck auf der Karte meines Lebens. Das Neue Testament hatte ich noch nie gelesen und wollte es aufgrund meiner orthodox jüdischen Erziehung auch nicht. Verrückterweise konnte ich mit all den okkulten und mystischen Ideen, die im Schwange waren, weitaus mehr anfangen.

Sylvia, Fred (ihr „Alter", wie sie ihn zu titulieren pflegte), ihre zwei Hunde und ich bewohnten ein Apartment in einem der typischen San Franciscoer Großbürgerhäuser in bester Wohnlage. Allerdings gelangte dieses Haus alsbald in die Hände des *Haight-Ashbury Switchboard*, einer karitativen Organisation, die sich aller möglichen Probleme annahm, von der Auffindung verlorengegangener Freunde oder Haustiere bis hin zur Betreuung Drogenkranker. Der Drogenmißbrauch nahm ja damals überhand. In unserem Haus begannen sich alle möglichen randständigen Figuren die Klinke in die Hand zu geben. 24 Stunden am Tag stand das Telephon nicht still. Fred, Sylvia und mir wurde die Wohnung mit einem Monat Frist gekündigt.

Sylvia und Fred planten samt den Hunden in ihr Wohnmobil zu ziehen und die Abende auf den ausgedehnten Strandparkplätzen zuzubringen. Da unten an der Küste war es wunderschön und meistens sehr einsam. Wellen, Sand und die ganze Küste waren herrlich. Einen schöneren Ausblick konnte man sich mit allem Geld der Welt nicht kaufen.

Hätte ich auch ein Wohnmobil besessen, so hätte ich mit ihnen am Strand campieren können, eine Idee, die mir weit besser gefiel als die Vorstellung, in eine andere Wohnung zu ziehen oder nach New York zurückzukehren. Bloß, dieser Gedanke hatte seine Tücken: nicht nur, daß ich kein passendes Fahrzeug besaß, ich wußte noch nicht einmal, wie man ein solches fuhr!

Die Zeit zerrann mir zwischen den Fingern; der Tag des Auszugs rückte immer näher, ohne daß ich gewußt hätte, wohin. Eines Tages sah ich auf dem Heimweg, gerade bei unserem Haus um die Ecke, einen alten Kombi, an dem ein großes „Zu-verkaufen"-Schild prangte. Der Preis war niedriger als eine Monatsmiete! Fred ging mit mir hin, um das Auto zu besehen, und handelte den Verkäufer auf 75 Dollar runter. Ich kaufte den Wagen vom Fleck weg. Fred fuhr ihn für mich nach Hause und parkte ihn auf der anderen Straßenseite. Tagtäglich setzte ich mich ins Auto und sammelte Mut, bis ich es endlich wagte, den Motor anzulassen. Nachdem der abendliche Verkehr fast völlig verebbt war, fuhr ich voller Angst aus der Parklücke und drehte eine Runde um den Block. So machte ich es etliche Tage lang.

Ich besorgte mir eine Matratze und stattete den Wagen mit ein paar hübschen, schweren alten Vorhängen aus. Als es soweit war, daß wir ausziehen mußten, verstaute ich all meine Habseligkeiten hinten in meinem Kombi, und fertig war mein „Zigeunerkarren".

Die ersten paar Nächte schlief ich da, wo ich gerade war, irgendwo am Straßenrand in der Nähe unserer alten Wohnung. Doch bald hatte ich genug Mut, die Straße zur Küste unter die Räder zu nehmen. Das Strandleben war herrlich. Der Strand zog sich eine gute Meile hin. Jeden Abend suchte ich Sylvia und Fred, oder sie suchten mich, und gemeinsam bauten wir unser kleines Nachtlager auf. Die Hunde, die unter den Fahrzeugen schliefen, hielten perfekt Wache. Morgens, wenn wir sie den Strand entlang laufen ließen, fühlten wir uns so frei, wie ein Mensch sich nur fühlen kann. Erst nach unserem obligatorischen Strandlauf machten wir uns an unser Tagwerk.

Nun fragen Sie vielleicht, woraus dieses „Tagwerk" denn wohl bestanden habe. Ich weiß noch, wie wir alle möglichen Leute trafen, mit denen wir endlose idealistische Debatten führten. Ohne sie schien es damals überhaupt nicht zu gehen. Viele von uns entstammten ganz normalen Familien, hatten aber gemerkt, daß das Leben, das wir unsere Eltern führen sahen, ohne jeden Sinn war. Was aber war der Sinn des Lebens? Wie sah ein sinnerfüllter Lebensstil aus?

Wie sollte man freundlich sein und anderen Gutes tun in einer Welt, die so vollkommen verdorben war? Wir suchten nach etwas, das über die Wirklichkeit hinausging, die wir kannten. Nachdem wir unsere Fühler weit ins östliche

Denken hineingesenkt hatten, kam es jeden Tag aufs neue zuallererst darauf an, mit allem möglichen „im Fluß" zu sein. Zu diesem Zweck nahmen manche psychedelische Drogen, um „Berührung mit sich selbst und dem Universum" zu finden. Wenn ich zurückschaue, sehe ich, daß wir allesamt im dunkeln herumtappten.

Was damals angesagt war, spiegelte sich natürlich mit in erster Linie in der Musik wider, wie sie die populären San Franciscoer Bands spielten: *The Grateful Dead*, *Jefferson Airplane* mit Janis Joplin oder *Santana*, um nur ein paar zu nennen. Konzerte und Tanzveranstaltungen nahmen regelrecht religiöse Formen an.

Das Fahren wurde mir immer vertrauter. Bald hatte ich auch einen Führerschein, und meine Kühnheit nahm zu. Ich hörte von „Kommunen" auf dem Lande, die viel „erdverbundener" lebten, als man es am Strand von San Francisco konnte. Je weiter man sich vom Getriebe der Stadt absetzte, so sagten die Leute, um so näher komme man der Natur. So könne man Frieden und ein sinnvolles Leben finden. In mir erwuchs die Überzeugung, daß es gar nicht Kunst sei, bloß Bilder zu malen. Das Leben selbst, das war die eigentliche Kunst! Die Schönheit lag darin, wie man sein Leben lebte!

Ich machte es mir zur Gewohnheit, ein paar Leute zu besuchen, die inmitten der unglaublich gigantischen *Redwood*-Bäume der Santa-Cruz-Berge lebten. Bald brachte ich es nicht mehr fertig, von dort in die Stadt zurückzukehren, und ließ mich in der Kolonie auf meinem eigenen Fleckchen Erde nieder, an einem gurgelnden Fluß mitten zwischen den Baumriesen.

Etliche Lebensweisen probierte ich aus: ließ mich mit Zenmeistern und östlichen Philosophien ein, badete in heißen Quellen, campte in den Wäldern an der phantastischen Big-Sur-Küste – das reine *Survival-Training* – oder hauste in einem alten Goldgräberstollen. Nun hört sich all das nach unübertrefflicher Idylle an. In Wirklichkeit wurde es nur allzubald langweilig und sinnlos.

Mein Bruder, immer noch Medizinstudent, hatte in den Winterferien Hawaii besucht. Auf seinem Rückflug an die Ostküste machte er bei mir Station und sagte, ich würde Hawaii lieben.

„Da brauchst du weder Schuhe noch schicke Klamotten",

sagte er. „Du brauchst nichts weiter als 'ne Stange in deinem Auto, mit der du dir die Früchte von den Bäumen pflückst, wenn du Hunger kriegst. Das Wetter ist immer toll, und an den Stränden kannst du campen, wo du lustig bist. Und die Leute – du wirst sie total mögen!" Sprach's und flog zurück zu seiner medizinischen Hochschule im Osten.

„Vielleicht komm' ich auf Hawaii weiter", dachte ich. „Womöglich finde ich da meinen Frieden." Gedacht, getan: an mein Auto kam wieder ein „Zu-verkaufen"-Schild. Nach zwei Tagen war ich es los und hatte einen Flugschein nach Hawaii in der Tasche.

14
Aloha Hawaii

Als die Maschine zur Landung auf dem Flughafen von Honolulu ansetzte, schaute ich aus dem Fenster. Es versetzte mir einen Schock: Da lag eine riesige Stadt unter mir, nicht kleiner als San Francisco, von wo ich gerade aufgebrochen war! Ich war nach Hawaii geflogen, um etwas anderes zu finden, und jetzt war da nur wieder eine Großstadt.

Unschlüssig, was ich tun sollte, stieg ich aus dem Flugzeug. Dann traf ich eine oberschlaue Entscheidung: Ich würde einfach auf dem Flughafen bleiben! Keine zehn Pferde sollten mich in den Betondschungel hinausbringen, den ich gerade von oben besichtigt hatte.

Doch was half es: irgendwohin mußte ich schließlich. Ich sah lange Schlangen auf Flüge zu Destinationen auf den kleineren Inseln warten: Kauai, Maui, Molokai und wie sie alle hießen. All diese Ziele bedeuteten mir nichts als Namen. Ich entschloß mich, Leute zu fragen, die an den verschiedenen Ausgängen auf ihre Flüge warteten.

Beim Ausgang mit der Destination Maui schwärmten mir zwei junge Männer von den Vorzügen ihrer Insel vor. Sie ergingen sich über die breiten Strände, fern von den „Lichtern der Stadt", und luden mich ein, mit ihnen zu kommen. Sie würden am Flughafen abgeholt werden und mit dem Auto zu dem Strandparadies fahren, das ihre Heimat war. Dort würde ich Platz in Hülle und Fülle finden, mein Lager zu errichten.

Maui übertraf ihre Erzählungen noch. Es war herrlich: lange Strände mit weißem Zuckersand. Ich kam an die trockene Seite der Insel, wo fast das ganze Jahr hindurch kaum ein Tropfen Regen fiel. Es war wie im Traum.

An jenem Strand lebten wohl gut und gerne hundert Menschen. Alle kannten sich und waren überaus freundlich. Ich fand einen stillen Winkel für mich allein, wo es nichts gab als Sand, Felsen und Meer. Ich zog es vor, auf jedes Obdach zu verzichten und unter den Sternen zu schlafen. Ich besorgte mir astronomische Karten und machte mich mittels Taschenlampe, in meinem Schlafsack zusammengerollt, mit den Gestirnskonstellationen vertraut.

Hier wirkte noch mehr fernöstliches Gedankengut auf mich ein. In der Stadt besuchte ich *Yoga-* und *Tai-Chi-*Kurse, die zum inneren Frieden zu führen versprachen. Die Übungen stärkten meinen Körper, aber die inneren Fragen schwelten weiter.

Ich fand viele Freunde und erforschte die Schönheiten Mauis. Was ich nicht so schnell fand, war ein Ort, den ich als Zuhause hätte bezeichnen können. Oft bestieg ich den Haleakala, wagte mich tief in seinem erloschenen Krater hinab und kletterte dann an der Rückseite des Berges wieder zu Tal.

Bei jedem dieser Aufstiege bekam ich, zumindest an klaren Tagen, an einer bestimmten Stelle den atemberaubenden Anblick der schneebedeckten Gipfel der Hauptinsel, Hawaii, in Sicht, und mir war, als riefen diese mir zu: „Komm, komm hier herüber – hier gibt's ein Zuhause für dich!"

Gerade um diese Zeit traf bei mir Post von kalifornischen Freunden ein, die jetzt auf der Großen Insel, Hawaii, lebten. Sie schrieben, es gebe dort Wohnungen *en masse*, so daß ich dachte, ich hätte nichts zu verlieren. Ich würde hinüberfliegen und es mir ansehen. Meine Freunde holten mich am Flughafen von Kona ab und nahmen mich mit in ihr verschachteltes altes Holzhaus, das hoch auf einem Hügel inmitten einer aufgegebenen Kaffeeplantage lag. Dort oben war es herrlich, doch obwohl mich meine Freunde großzügig beherbergten, war es immer noch nicht *mein* Zuhause.

Ich hörte von einem leerstehenden Haus und bezog es. Bald pflanzte ich einen Garten an und zog mein eigenes Gemüse. In der Nähe standen Papaya-, Mango-, Apfelsinen- und Avocadobäume. Ich lernte neue Freunde kennen. Einige von ihnen liebten es, Gitarre zu spielen. Das wollte ich auch gern können. Sie zeigten mir ein paar Akkorde, und ich begann eigenständig zu üben.

Endlich hatte ich meine eigene Wohnung, von der ich immer geträumt und mir ein herrliches Leben versprochen hatte – und doch fehlte mir immer noch etwas. Oberflächlich betrachtet schien alles die reine Idylle zu sein. Das Wetter war großartig, und ich hatte jede Menge Freunde.

Ich besaß einen Gemüsegarten, der mir gesunde Nahrungsmittel lieferte. Ich hatte Gitarre spielen gelernt ... Und doch bohrte tief in mir eine nach wie vor unerfüllte Sehnsucht.

Ein paar Freunde besuchten mich und erzählten mir von den Wundern der Transzendentalen Meditation. An manchen Tagen, sagten sie, könne man sich unten in Kailau-Kona kostenlos „initiieren" lassen. Von dem unglaublichen Frieden, den sie gefunden hatten, waren sie dermaßen begeistert, daß sie mich buchstäblich zum Meditationszentrum hinzerrten.

Die „Initiation" war ausgesprochen merkwürdig. Man gab mir ein Tuch und eine Blume in die Hand und sagte mir, ich solle diese Dinge feierlich zu Füßen des Guru-Bildnisses darbringen. Man teilte mir ein persönliches Mantra zu, das ich beim Meditieren immer und immer wieder aufsagen sollte, so lange, bis ich in einen tranceartigen Friedenszustand fallen würde. Nur eine Viertelstunde jeden Tag, hieß es, und mein Leben werde sich total verändern.

Die Zeit verging, ich meditierte, aber innere Zufriedenheit stellte sich dennoch nicht ein. Man erzählte mir von einem anderen durchreisenden Guru. Ich suchte ihn auf und empfing ein anderes Mantra, das nunmehr das richtige sein sollte.

Ich las auch ein ausgesprochen faszinierendes Buch von Yogananda mit dem Titel „Autobiographie eines Yogi". Kapitel für Kapitel wurden darin die verschiedensten Facetten der Selbsterkenntnis erläutert, mit einer Ausnahme. In diesem Kapitel ging es darum, zur Schlichtheit zu finden, wie ein Kind zu werden. Es wurden Worte von Jesus zitiert. Ich fragte mich: „Was hat das denn nun mitten in einem Yogabuch zu suchen?"

In unsere Stadt kamen *Hare-Krishna*-Jünger und luden alle Bewohner der umliegenden Hügel zu ihren häufig im Standpavillon veranstalteten Festen ein. Dort waren jedesmal üppige Speisen vorbereitet, die die Gläubigen dann unter allerlei lautstarkem Singsang ihrem „Gott" Krishna zu opfern pflegten. Er mußte als erster bedient werden; da er aber selten auftrat, blieb für die Jünger und andere, die sich von ihnen hatten herbeilocken lassen, eine Menge übrig.

Eines Nachmittags lief ich am Strand einer *Hare-Krishna*-

Drückerkolonne in die Arme. Aufgeregt erklärten sie mir, heute würden die „Puppen" zu ihrem Fest erscheinen. Es zeigte sich, daß damit große Figuren gemeint waren, die ihren Gott darstellen sollten. Ausgesuchte Jünger durften diese Figuren mittels reich geschmückter Sänften auf ihren Schultern herumtragen. Begleitet wurde das Ganze von wilden Trommelrhythmen. Etliche fielen vor den „Puppen" auf ihr Angesicht.

Bis heute erinnere ich mich an das merkwürdige Gefühl, das diese Zeremonien bei mir auslösten. Erschrocken lief ich von dem Pavillon mit seiner Verzückung fort und dachte: „Das hier ist nichts anderes als Götzendienst!" Innerlich verschloß ich mich jedem weiteren Kontakt mit diesen Leuten.

Doch es gab noch eine andere Gruppe, deren Gedankengut ich für noch gefährlicher hielt, nämlich die „Christen". Sie hatten sich unter den Bewohnern der Hügel einigen Einfluß verschafft. Ein paar meiner Freunde waren wochenlang verschwunden gewesen, um dann, die langen Matten geschoren, wieder aufzutauchen, weiße Hemden tragend und die Taschen voller kleiner Büchlein, von denen ich später herausfand, daß man sie „Traktate" nannte, die an alle und jeden verteilt wurden. Unentwegt redeten sie von Jesus und davon, daß jeder „errettet" werden müsse.

Ich war für alle möglichen Ideen offen, aber Jesus stand jenseits meiner Toleranzgrenze. Da waren meine Wurzeln vor – mich mit Christentum auseinanderzusetzen, kam einfach nicht in Frage. Als „anständiges jüdisches Mädchen" aus Brooklyn war ich hier prinzipiell nicht interessiert!

Oft, wenn ich nach Hause kam, hatten sie wieder etliche von ihren Büchlein unter meine Tür geschoben. Doch das registrierte ich mit Freude, bedeutete es doch, daß ich einer ihrer schrecklichen Heimsuchungen entgangen war. Allein, die „Christen" gaben nicht auf. Ich hatte den Eindruck, hinschauen zu können, wo ich wollte: Überall wandten sich meine Freunde ihnen zu. Meine mittlere Schwester tauchte in Hawaii auf, und kaum war sie angekommen, hatte sie sich schon unter die Jesusjünger eingereiht. Auch die kalifornische Freundin, die mich als allererste auf die Große Insel eingeladen hatte, wurde Christin und zog in eine christliche Wohngemeinschaft ein.

Ich war nicht gerade freundlich zu ihnen, sondern

begegnete ihnen zynisch und skeptisch, jede Gelegenheit nutzend, ihr sogenanntes „Christsein" auf die Probe zu stellen. Es machte mir Spaß, ihre Argumente in der Luft zu zerreißen. Sie redeten von Liebe, also prüfte ich sie, indem ich mich so ekelhaft benahm, wie ich nur konnte. Aber – je übler ich mich aufführte, um so liebenswürdiger waren sie. Und sie blieben es auch.

Eines Tages wollte ich per Anhalter aus der Stadt zu meinem Haus rausfahren. Der vollbesetzte Wagen, der anhielt, gehörte ausgerechnet einem der charmantesten unter den christlichen Jungs. Sie nannten ihn „Bruder Bill". Er fragte, wohin ich wolle. Nachdem ich geantwortet hatte, mußte sein Freund sich zu den anderen auf den Rücksitz quetschen, damit ich vorne sitzen konnte. Zuverlässig lieferte er mich vor meinem Haus ab. Während ich zu meiner Tür hinaufging, sah ich, daß er das Auto wendete, um in die Richtung zurückzufahren, aus der wir gekommen waren. Ich lief zurück und fragte ihn, ob es ein Problem gebe. Er sagte, er sei diesen Weg – es waren immerhin vier Meilen – nur gefahren, weil ich hierher gewollt hätte. Eigentlich habe er ganz woanders hin gewollt, an einen Ort, der in der entgegengesetzten Richtung lag. Ich war verblüfft. Er hatte acht Meilen Umweg gemacht, und zwar nur meinetwegen. Wenn das nicht Liebe war!

Sie sagten mir, ich solle „Schwester Carol" kennenlernen, die sei auch Jüdin. Eines Tages nahm meine gläubig gewordene Freundin mich in eine andere Wohngemeinschaft mit und stellte mich Carol vor. Sie war in der Küche und rührte in einem großen Topf voll Gerstenmus oder *Cholent*, einer Speise, die man üblicherweise am Sabbat zu sich nahm. Ich weiß noch, wie ich wartete, bis alle anderen „Christen" aus der Küche raus waren, und sie dann ungläubig fragte: „Bist du wirklich Jüdin und glaubst all diesen Kram?" Mit „Kram" meinte ich das Evangelium.

Lächelnd und heiter fing sie an zu erzählen, wie Jesus sie befreit habe, wie ihr Leben sich verändert habe und wie glücklich sie jetzt sei. Genau dasselbe hatten die anderen mir auch erzählt, wenn sie mir Zeugnis gaben. Diese Begegnung machte mir bleibenden Eindruck. Hier war eine Jüdin, die ihren Glauben gefunden hatte. Wenn das für sie möglich gewesen war, dann vielleicht ja auch für mich?

Eines Morgens tauchte ein neues Mädchen in meinem

Haus auf. Es erwies sich, daß sie sämtliche Leute kannte, die auch mir von Kalifornien her in Erinnerung waren. Es war geradezu unheimlich. Wie konnte es sein, daß wir uns in Kalifornien nie über den Weg gelaufen waren, wenn wir uns doch in genau denselben Kreisen bewegt hatten?

Es verfehlte seinen Eindruck auf mich nicht, als sie anfing zu erzählen, wie Jesus sie befreit, wie sie ihre Horoskopbücher zerrissen und die Tarotkarten verbrannt hatte. Weder ihre Seriosität noch die Freude, die sie ausstrahlte, konnte ich in Zweifel ziehen. Die Tatsache, daß sie sich in denselben Kreisen bewegt hatte wie ich, machte ihr Zeugnis irgendwie nur um so glaubhafter.

Was sie ablehnte, gehörte zu den Dingen, die in der Alternativkultur wichtig waren. Für diese Ablehnung gab es nur eine mögliche Erklärung: Sie mußte etwas Besseres gefunden haben. Dann erzählte sie mir etwas noch Erstaunlicheres, nämlich daß Gott ihr „gesagt" habe, sie werde „Bruder Bill" heiraten, jenen jungen Mann, der vor ein paar Wochen den großen Umweg gefahren war, bloß um mich nach Hause zu bringen.

Sarkastisch gab ich zurück: „Und hat Gott denn Bruder Bill auch schon Bescheid gesagt?"

Unerschütterlich sagte sie: „Das nicht, aber er wird es noch tun."

Zu meiner Verblüffung sprach sich binnen eines Monats in der ganzen Gegend herum, daß die beiden heiraten würden. Jene Hochzeit war ein Ereignis von einiger Bedeutung für mich, denn wenn das Mädchen tatsächlich etwas von Gott gehört hatte, dann mußte sie ja auch irgendeine Art von Verbindung zu ihm haben, von der ich für meinen Teil keine Ahnung hatte.

Im Alten Testament wird häufig von einer solchen Art von Gottesbeziehung berichtet. Adam und Eva gingen in der Abendkühle mit Gott spazieren und unterhielten sich mit ihm. Abraham vernahm Gottes Auftrag, loszuziehen, ohne daß er auch nur gewußt hätte, in welche Richtung die Reise führen sollte. Er wußte nichts weiter, als daß Gott es ihn wissen lassen würde, wenn er am Ziel wäre. Mose redete mit Gott – und so weiter und so fort.

Das verlobte Pärchen drängte mich in die Enge, indem es sagte: „Du kommst doch wohl zu unserer Trauung, oder?" Bei den Christen gab es jede Menge Trauungen, weil sie ihr

Leben nach biblischen Prinzipien ausrichten wollten. Paare mußten heiraten. Einfach so zusammenzuleben war verpönt.

Damals dachte ich, diese Christen gingen ihre evangelistischen Bemühungen sehr geschickt an. Hochzeiten wurden mit großem Aufwand gefeiert, gegen den selbst die *Hare Krishnas* nicht anstinken konnten. Wochen vor dem großen Tag fingen sie an, die Leute einzuladen. Viele Gäste kamen nur wegen des guten Essens. Während des Gottesdienstes war es üblich, daß sowohl Bräutigam als auch Braut von ihren persönlichen Erfahrungen mit Gott erzählten. Es folgte eine Predigt, in der es darum ging, daß man eine persönliche Beziehung mit Gott haben müsse, und zwar durch Jesus.

Nach meiner Auffassung war das alles Taktik, um neue Schäfchen zu gewinnen. Ich wollte nicht zu der Feier gehen, weil ich Angst hatte, sie würden sich allesamt auf mich stürzen. Also entschloß ich mich, zwei meiner radikalsten Freunde von den Hügeln als „Leibwächter" mitzunehmen, zu jeder Seite einen. Ich fühlte mich schutzbedürftig, damit diese Christen mir meine Seele nicht rauben konnten.

Einer dieser beiden Freunde hatte langes dunkles Haar und trug stets weiße, fließende Gewänder. Ich hielt ihn für einen visionären, ausgesprochen spirituellen Menschen. Der andere war ein sehr intelligenter Jude. Er hatte ein computergleiches Gehirn, in dem alles abgespeichert war, was er jemals gelesen hatte. Er kannte alle Einzelheiten jeder beliebigen östlichen Religion und stand mit jedem Guru, jedem Kult und jeder Sekte auf Du und Du.

Nach der Trauung wurde viel gesungen. Die Leute bildeten, die Arme ineinander verschränkt, einen großen Kreis und schunkelten zur Musik. Ich stand mittendrin und spürte einen tiefen Frieden. Als sie ein Lied sangen, in dem es hieß: „Und Jesus sagte: ‚Komm zum Wasser, hierher zu mir, ich weiß, daß du durstig bist'", verspürte ich mit einem Mal einen ungeheuren übernatürlichen Durst.

Zusammen mit meinem jüdischen Freund zog ich mich ein wenig von den Feierlichkeiten zurück und fragte ihn: „Was hältst du von diesem ganzen Jesus-Zeug?"

Seine Antwort überraschte mich sehr: „Das ist eigentlich ganz einfach. Du mußt nur das rationale Denken ausschalten und einen Schritt des Glaubens wagen."

Ich konnte nicht glauben, was ich hörte. Das war nun der klügste Mann, den ich kannte, und von ihm bekam ich eine solche Antwort!

Gleichzeitig sah ich, wie mein anderer Freund ein Stück abseits im Gespräch mit einigen Leitern der Gruppe stand. Es sah aus, als redeten sie allesamt auf einmal. Ich hörte auch, was sie sagten, aber Jesus war ein intellektuelles *Anathema* für mich. Wie konnte Jesus die Antwort sein, wo er doch von meiner ganzen jüdischen Erziehung und Orientierung her abzulehnen war?

Nichtsdestoweniger sah ich, daß diese Leute etwas besaßen, was ich nicht hatte, und ich war so weit gekommen, daß ich dieses „Etwas" auch wollte, was immer es auch sein mochte. Gott zog mich, der Gott meiner Vorväter, auch wenn ich ihn in dem fremden heidnischen Gewand, in dem er mir hier entgegentrat, nicht zu erkennen vermochte.

15
Sprung ins Wasser des Glaubens

Mit dem, was ich da sah, konnte ich nur auf eine einzige Weise umgehen: indem ich es mit den diversen anderen Initiationen verglich, durch die ich gegangen war. Also sagte ich zu den Christen: „Okay – wie funktioniert die Initiation?" Ich dachte mir, es mal zu probieren könne ja nicht schaden.

Da saßen wir nun auf den Klippen, kurz vorm Sonnenuntergang, und beobachteten, wie die Wellen ans Ufer klatschten. Ich müsse Jesus in mein Herz aufnehmen, sagten sie mir. Dann fingen sie an, mir Fragen zu stellen: Ob ich glaubte, daß Jesus gestorben und wiederauferstanden sei?

Über diese Frage hatte ich noch nie nachgedacht. Ich sagte mir, wenn der Mensch einen Geist hat und dieser Geist ihn dann irgendwann verläßt, ist er tot. Wenn dann – rein theoretisch – der Geist wieder zu ihm zurückkehrte, wäre es durchaus logisch, daß er von den Toten auferstünde ...

„Ja", sagte ich.

„Glaubst du, daß Jesus Gottes Sohn ist?"

Wieder was zum Nachdenken ... Hm, ging es mir durch den Kopf, wenn wir nun alle „Kinder Gottes" sind, dann kann ich ja wohl nicht leugnen, daß auch dieser Jesus sein Kind war ...

„Ja", sagte ich.

„Glaubst du, daß Jesus von einer Jungfrau geboren wurde?"

Nun ja, wenn der Mensch in seiner Endlichkeit heutzutage binnen zwei Tagen ein Baby im Reagenzglas erschaffen kann, dann kann der unbegrenzte Gott ein Kind erschaffen, wo und wie immer er will und eben auch da, wo es sein sollte, im Mutterleib ...

„Ja", sagte ich.

Dann kam die Aufforderung, ich solle über meine Sünden Buße tun.

Das verwirrte mich. Was das Alte Testament über Sünde

lehrt, war bei mir durch das jahrelange existentialistische und humanistische Denken, dem ich mich preisgegeben hatte, ausgelöscht – ein Denken, in dem es nichts Absolutes, nichts Gutes oder Schlechtes gab, kein Schwarz oder Weiß, sondern nur Schattierungen von Grau.

„Welche Sünden?" fragte ich.

„Hast du denn nie irgendwas Verkehrtes getan?"

Nun ja, wenn ich über mein Leben nachdachte, dann hatte es ein paar Momente gegeben, mit deren Folgen ich ganz und gar nicht glücklich gewesen war. Einige Beziehungen waren daneben gegangen, einige Entscheidungen falsch gewesen. Somit konnte ich in aller Ehrlichkeit antworten: „Doch."

Nach einem Augenblick fragte ich: „Ihr meint also, ich sollte jetzt Gott um Vergebung für meine Sünden bitten?"

Daraufhin sprachen sie mir erst ein Bußgebet vor und dann eines, mit dem ich Jesus in mein Leben bat. Mir kam das alles ein bißchen unwirklich vor. Es war anders als all die anderen Initiationen, die ja meinen einzigen Erfahrungshintergrund bildeten.

Dann stellten sie mir eine weitere Frage: „Möchtest du den Heiligen Geist empfangen?" Sie schlugen ihre Bibeln auf und nahmen Lukas 11 vor, wo davon die Rede ist, daß der Vater den Heiligen Geist denen gibt, die darum bitten. Damit konnte ich nun überhaupt nichts mehr anfangen. Es war ein neutestamentlicher Text, und die Autorität des Neuen Testaments lehnte ich zu diesem Zeitpunkt noch rundweg ab. Was mir in den Sinn kam, waren die ersten Sätze der Hebräischen Bibel, die ich als Kind auswendig gelernt hatte: „Im Anfang schuf Gott Himmel und Erde ..., und der Geist Gottes schwebte über den Wassern."

Als Kind hatte ich das dramatisch und aufregend gefunden und viel darüber nachgedacht: Was geschieht wohl, wenn der Geist über etwas schwebt oder brütet (im Hebräischen steht hier ein ungewöhnliches Verbum, *mrachäpät*), und dabei kommt Leben heraus? Was genau tat der Geist, um Leben hervorzubringen, etwas zu schaffen aus nichts? Und jetzt wurde mir dieser „Geist" aus meinen Kindertagen als etwas dargestellt, das mein eigenes Leben berühren und verändern könne! Das war erregend.

„Oh", sagte ich zu ihnen, „ja, das kann ich annehmen, das ist was Jüdisches!"

Also sprachen sie mir wieder ein Gebet vor. Sie legten mir alle die Hände auf und stimmten einen sehr harmonischen Gesang an. Mich überlief eine Hitzewelle, von Kopf bis Fuß. Es war ein überaus herrliches Gefühl. Das Singen schien eine Ewigkeit lang weiterzugehen, während ich mit geschlossenen Augen dasaß und im Geist badete.

Ich weiß nicht, wie lange ich so saß. Das Nächste, woran ich mich bewußt erinnere, war eine Stimme, die zu mir sagte: „Wie fühlst du dich?"

Ich wußte nicht recht, wie ich mich fühlte. Mir war, als wisse ich überhaupt nichts mehr: was Himmel und was Erde, was weich und was hart war, wo ich mich überhaupt befand ... So, dachte ich, muß sich auch ein kleines Kind fühlen.

„Ich fühle mich wie ein kleines Kind", sagte ich ihnen.

Dann kamen mir die einzigen neutestamentlichen Worte in den Sinn, die ich jemals gelesen hatte, als Zitat in einem Yogabuch. Sie waren mir im Gedächtnis haften geblieben, weil sie im Gegensatz zu dem übrigen Gedankengut jenes Buches so schlicht und direkt gewesen waren.

„Steht nicht in *eurer* Bibel irgendwo: ‚Wenn ihr nicht werdet wie die Kinder, könnt ihr nicht ins Himmelreich eingehen'?" fragte ich sie.

„Halleluja! Halleluja!" riefen sie alle auf einmal.

An jenem Tag hatte ich Glück. Die Großkopferten waren mit irgendwelchen anderen Leuten beschäftigt, und meine Freunde kamen gar nicht erst auf die Idee, mir eine lange Liste von Ge- und Verboten für mein neues Leben vorzulesen. Hätten sie das nämlich getan, so wären sie mich sofort wieder los gewesen. Ich glaube, auch das hat Gott damals genauso eingerichtet, wie ich es brauchte.

Ich schwebte nach Hause und ließ mich zu meiner abendlichen Meditation nieder. Als ich zur Ruhe gekommen war, konnte ich in meinem Inneren mein Mantra nicht mehr finden. Alles, was meine innere Stimme sagte, war „Jesus – Jesus – Jesus". Er war an die Stelle meines Mantra getreten!

Der wirkliche Kampf begann an den folgenden Tagen. Obwohl sich in meinem innersten Wesen etwas verändert hatte, begriff mein Verstand nicht, was es war. Zwischen meinem Verstand und meinem Geist tobte ein Krieg.

Der Gedanke, zur „Kirche" zu gehen, machte mir enorme

Mühe. Die Lieder, die dort gesungen wurden, waren so anders als alles, was ich gewohnt war. Die Menschen waren anders angezogen. Es war wirklich ein Kampf. Ich hielt all diese Dinge für ziemlich daneben, und doch fühlte ich mich in den Versammlungen total gut. Ich empfand Frieden und eine bestimmte Freude, die mir unerklärlich war.

In den nächsten paar Monaten glich ich einem Jo-Jo. Ich ging in die Gemeinde, und danach verbrachte ich meine Zeit mit meinen anderen Freunden, die ich für „feinsinniger" hielt.

Eines Abends hatte ich ein wirklich intensives Erlebnis, das eine radikale Veränderung auslöste. An *Halloween* hatte ich die Wahl, zur Geburtstagsfeier eines der Christen zu gehen, mit dem ich ganz gut konnte, oder mit meinen „feinsinnigeren" Freunden eine *Halloween*-Party zu veranstalten. Ich entschied mich für letzteres.

Wie ich da auf der Party saß, sah ich graue Nebelschleier über die Gesichter der Leute ziehen. Ich schob diese Beobachtung auf das fahle Licht oder den Zigarettenrauch. Immer wieder zwinkerte ich mit den Augen, um zu sehen, ob die Schleier verschwinden würden, aber sie blieben da, kamen und gingen. Ich weiß noch, wie ich, ohne gewahr zu werden, wie recht ich damit hatte, dachte: „Es ist ja auch wirklich dunkel hier. Ich muß hier raus!"

Im Mondlicht ging ich nach Hause. Ich mußte einen Dschungelpfad benutzen, der an einer christlichen Wohngemeinschaft in meiner Nachbarschaft vorbeiführte. Dort hatte die Geburtstagsfeier stattgefunden, der ich die *Halloween*-Party vorgezogen hatte. Jetzt war sie längst vorbei, aber ich ging trotzdem rein, um meinen Freunden von der Erfahrung zu erzählen, die ich gerade gemacht hatte. Sie erklärten mir, daß die Bibel von einem Krieg zwischen Finsternis und Licht spricht. Ich erkannte, daß der Herr mir auf diese dramatische Weise die Augen geöffnet hatte, um mich auf die geistliche Finsternis aufmerksam zu machen, die jene Menschen umgab, die tief in der Sünde steckten, und daß er mich aufforderte, mich ihm mehr hinzugeben und wirklich „im Licht zu wandeln".

Meine Freunde zeigten mir auch, wie viele der Dinge, in die ich mich verstrickt hatte, in der Heiligen Schrift verboten werden, sogar im Alten Testament. Klar und deutlich stand ja in Levitikus zu lesen, daß wir nichts zu tun haben sollten mit Astrologie oder Handleserei oder fremden Göttern! Sie erläuterten mir, daß ich all diesen Dingen absagen müsse, um wirklich frei zu sein. Erst dann würde ich voll und ganz freigesetzt sein, Gott zu dienen.

Ich ging nach Hause und dachte über diese Neuigkeiten nach. Ich schlug die Verse nach, auf die die anderen mich hingewiesen hatten – und tatsächlich: Viele der Dinge, in die ich mich eingelassen hatte, waren dem jüdischen Volk verboten. Wieso hatte ich das nicht früher bemerkt?

Ich hatte gelernt, astrologische Sternkarten zu zeichnen und Tarotkarten zu lesen. Jetzt aber sah ich im Alten Testament, daß ich mein Haus von all diesen Dingen säubern und nichts als die Bibel behalten sollte, um mich nunmehr von Gott, dem Allerhöchsten, leiten zu lassen, dem Gott meiner Vorväter Abraham, Isaak und Jakob. Ich bat die anderen, mich im Gebet zu unterstützen, um all diese Bindungen zu kappen, und fing mit Feuereifer an, die Bibel zu studieren.

Doch nach wie vor kamen mir hier und da Zweifel hoch. Sämtliche Bibelstellen, die über den Messias, seinen Tod und seine Auferstehung sprachen, mußte ich mehrfach nachprüfen. Ich schrieb meiner Mutter und bat sie, mir eine hebräische Bibel zu schicken, um die betreffenden Verse im Grundtext nachlesen zu können. Ich war argwöhnisch, wollte sehen, ob diese Christen der Schrift in ihrer englischen Übersetzung nicht Gewalt angetan oder etwas hinzugefügt hatten.

Ohne daß ich es wußte, hatte meine Schwester meiner Mutter geradeheraus geschrieben, daß wir alle beide Christinnen geworden waren. Diese Eröffnung traf mich wie eine Bombe. Ich wußte, daß meine Mutter im Leben nicht verstehen würde, was mit mir geschah, und ihr diese Nachricht einen ungeheuren Schlag versetzen mußte. Ich fing an, für sie zu fasten und zu beten. Es war, als könnte ich ihre Betrübnis über die große Entfernung hinweg spüren. Was sich in mir abspielte, konnte sie nicht nachvollziehen, und auch ein Brief konnte es ihr nicht nahebringen.

Die Sorge um meine Mutter nahm noch zu, als die große, schwere hebräische Bibel postwendend per Luftpost eintraf. Das Paket hatte enormes Porto gekostet. Üblicherweise hätte man eine solch schwere Sendung immer auf dem normalen Postweg geschickt. Ich fastete noch neun weitere

Tage. Ich wußte, wenn Gott nicht eingriff, würde Mutter mich niemals verstehen. An einem gewissen Punkt nahm ich wahr, wie sich in meinem Geist etwas veränderte. Ich schrieb einen Brief, in dem ich meine Mutter der Wahrheit versicherte, daß ich nämlich jetzt jüdischer sei als je zuvor. Ich hatte nun wieder eine Beziehung zu dem Gott der Bibel, dem Gott meiner Vorfahren. Paradoxerweise, so erklärte ich meiner Mutter, hatte diese neue Liebe zu Gott mich durch Jesus erreicht. Nun schrieb sie mir zurück. Später fand ich heraus, daß sie in der Tat tief beunruhigt gewesen war und sogar einen Rabbi zur Seelsorge aufgesucht hatte.

Einige Zeit darauf entschloß sich meine Mutter, mir einen Besuch abzustatten. Ich war glücklich, bot dieser Besuch mir doch die Möglichkeit, ihr das neue Leben zu zeigen, das ich in mir trug. Als sie da war und meinen neuen Freunden begegnete, war sie beeindruckt von der Liebe, die von ihnen ausging. Sie kam sogar zu mehreren Gottesdiensten mit und äußerte, wie sehr ihr der Gesang gefallen habe. Ich glaube, daß Gott sie damals anrührte. Nachdem allerdings einige der Ältesten die Unweisheit an den Tag legten, sehr konfrontative Zeugnisse zu geben, sagte sie mir, sie wolle nichts weiter mit diesen „Christen" zu tun haben. Ich aber kam meiner Mutter bei diesem Besuch wirklich näher und fühlte mich freier, sie echt zu lieben, hatte ich doch jetzt Gottes Liebe in meinem eigenen Herzen.

Ich fuhr fort, mich sorgfältig mit den messianischen Prophetien auseinanderzusetzen, die die Christen mir im Zuge ihrer Beweisführungen in der Hebräischen Bibel gezeigt hatten. Wie hatte es angehen können, daß ich so viele dieser Texte bislang immer übersehen hatte? In Sprüche 30,4 ff. stand von jeher, daß Gott einen Sohn haben würde. Jesaja 7,14 sagt, eine Unverheiratete werde einen Sohn gebären (egal, welche exakte Textgestalt nun die textkritisch angebrachte sein mag), und Amos ergänzt, dies werde in Bethlehem geschehen. Jesaja 53, das „verbotene Kapitel", beschreibt den schrecklichen Tod des Messias: wie er für meine Übertretungen verwundet, für meine Sünde gestraft wurde. Auffälligerweise fand ich diesen Text in der Bibel, die meine Mutter mir geschickt hatte, nicht. Ich kriegte heraus, daß das Kapitel deswegen fehlte, weil die Rabbis es aus dem Kanon der wöchentlich in der Synagoge zu lesenden Stücke verbannt hatten. Und all diese Stellen waren erst der Anfang der Messias-Nachweise! Je mehr der Texte ich studierte, um so tiefer wurde meine Überzeugung, daß Jesus zweifellos der jüdische Messias war, von dem seit alters die Rede gewesen war.

Setzte man alle Prophetien zusammen, so ergab sich ein Bild von nicht zu übertreffender Klarheit. Die Bibel sprach sogar von der Erfahrung, die ich gerade machte. Gott sagte, er werde das jüdische Volk wieder zu sich ziehen und uns reinigen. Er werde unser steinernes Herz gegen ein solches aus Fleisch tauschen. Er werde uns ein neues Herz geben und seine Gesetze da hineinschreiben, so daß unser Handeln nicht länger von bloß äußeren Regularien bestimmt sein werde. Ich erkannte, daß diese Worte genau das beschrieben, was mit mir geschah.

Damit nicht genug: so gut wie überall, wo die Bibel von Herzensveränderung handelt, erwähnt sie auch eine bestimmte geschichtliche Zeit, zu der Gott das jüdische Volk ins Land Israel zurückbringen und dort wieder Wurzeln schlagen lassen werde. Und ich hatte als junges Mädchen die Neugeburt der israelischen Nation miterlebt!

Diese Verse las ich immer und immer wieder, und je mehr ich das tat, um so fester wurde meine Überzeugung, daß ich diesen Teil des Planes Gottes *persönlich* mit erfüllen helfen mußte, wenn ich als gottwohlgefällige Frau leben wollte. Ich mußte ins Land Israel umsiedeln!

Diese Offenbarung jedoch stand in direktem Widerspruch zu dem, was ich eigentlich wollte. Ich liebte die Inselwelt von Hawaii. Hier war ich glücklich. Das Wetter gefiel mir ebenso wie die Menschen. In Israel war ich ja schon gewesen und hatte mich überhaupt nicht wohlgefühlt. Ich konnte mir auch vorstellen, wie schwierig es sein würde, dort als Jüngerin Jesu zu leben. Auf all diese Konflikte war ich ganz und gar nicht eingestellt. Deshalb schob ich den Gedanken an eine Übersiedlung nach Israel in den hintersten Winkel meines Gehirns ab.

Hungrig nach biblischer Lehre und Erkenntnis, brachte ich mich mehr in die Gemeinschaft ein. Kein Gottesdienst, an dem ich nicht teilgenommen hätte. Auch war ich unheimlich gerne mit den Gläubigen zusammen. Mittlerweile waren wir mehr als 350, die überwiegend in Wohngemeinschaften über die ganze Kona-Küste verstreut lebten. Mehr und mehr wurde ich mit den Grundprinzipien „geistlichen Wandels" vertraut. Ich fing an, mein eigenes geistliches Tagebuch zu führen und für meine Bibelstudien eine Konkordanz zu benutzen. Tagtäglich erlebten wir, wie Gott durch Gebet, Heilung und Befreiung Wunder im Leben von Menschen wirkte.

Im Laufe der nächsten Jahre übte ich in der Gemeinde die verschiedensten Dienstämter aus. Man bat mich, die Frauenstunden zu leiten. Ich lehrte aus dem Wort, spielte Gitarre im Lobpreis und wurde zur Diakonin eingesetzt. Durch stetig zunehmende Bibelkenntnis, verbindliche Gemeinschaft mit anderen und persönliche Gebets- und Anbetungszeiten reifte ich geistlich heran. Den Menschen, die mich zum Herrn geführt und in jenen ersten Jahren mein geistliches Wachstum gefördert hatten, war ich unendlich dankbar. Der Gemeinde, die mir zur ersten geistlichen Familie meines Lebens geworden war, fühlte ich mich zutiefst verbunden. Zunehmend jedoch wurde mir bewußt, daß es einen Widerspruch gab zwischen dem, was andere, in Leiterschaft stehende Christen als Gottes Willen für mein Leben sahen, und dem, was ich selber als Gottes Führung und Wegleitung für mein Leben und Handeln wahrnahm. Diese Spannung verschärfte sich, als die Ältesten plötzlich auf die Idee kamen, mich zum Dienst in den Honoluluer Zweig der Gemeinde zu entsenden. Diese Entscheidung schockte mich total. Ich bezweifelte nicht, daß sie die besten Absichten hegten, konnte mich aber nur unter größtem Widerwillen zum Gehorsam durchringen.

16
Der Betondschungel

"Leuchtturm" nannte sich eine Arbeit, in der wir Straßenmission betrieben. Sie hatten ihren Standort inmitten jenes Bezirks von Waikiki, den man den „Dschungel" nannte, eine Bezeichnung, die nicht etwa auf üppig wucherndes Grün zurückging, sondern auf die Menschenmassen, die dort in einem kleinen Viertel voller alter, verfallener Häuser zusammengedrängt waren, vom Meer getrennt durch einen Gürtel von Hoteltürmen. Die Kriminalitätsrate war hoch, Drogen- und Alkoholkonsum allgegenwärtig.

Obwohl es mir anfangs schwerfiel, mich an den Lärm, die verdreckten Straßen voller Abfall und Glasscherben und das bunte Bevölkerungsgemisch zu gewöhnen, wagte ich mich bald mit hinaus. Gerne besuchte ich Bibelstunden und Frauenversammlungen umliegender Gemeinden, was mir gute, wachstumsfördernde geistliche Nahrung verschaffte.

Und zum erstenmal in meinem neuen Leben war ich mit einer ansehnlichen jüdischen Gemeinschaft konfrontiert. In Honolulu gab es zwei Synagogengemeinden, die sich wöchentlich versammelten, die eine freitag abends, die andere sonnabend vormittags. Ich war der Auffassung, mein evangelistischer Eifer dürfe die Juden nicht aussparen, so daß ich beide Versammlungen besuchte, um mit der jüdischen Gemeinschaft in Kontakt zu kommen. Da beide Synagogen ein gutes Stück von meiner Wohnung entfernt lagen, richtete ich es so ein, daß ich die Nacht auf Sonnabend regelmäßig bei einer wohlhabenden Familie hawaiischer Christen verbringen konnte, die ein herrschaftliches Anwesen ganz in der Nähe beider Synagogen bewohnte.

Als ich zum erstenmal an einem Freitagabend in der Synagoge war, trank ich mit den alleinstehenden jungen Erwachsenen Kaffee und betete um Führung, wen ich ansprechen sollte. Natürlicherweise wäre es mein Bestreben gewesen, mich mit dem hübschesten und beliebtesten

Mädchen von allen anzufreunden. Ich hatte aber den Eindruck, der Herr wollte, daß ich mich mit einem anderen Mädchen namens Linda bekanntmachte, das schüchtern und ein wenig übergewichtig war. Sie schien sich zu freuen, daß jemand sich für sie interessierte. Wir begannen über die Bibel zu sprechen. Ich fühlte mich gehemmt, ihr unterm Dach der Synagoge frank und frei Jesus zu bezeugen, doch später sprachen wir auf dem Parkplatz weiter. Dort in der lauen hawaiischen Nacht hatte ich die Freiheit, ihr zu sagen, daß ich den jüdischen Messias gefunden hatte und durch das Studium der Bibel zu der Überzeugung gelangt war, daß Jesus dieser Messias sei.

Linda blieb die Spucke weg. Sie erzählte mir, ihre Zimmergenossin, eine geisterfüllte Christin aus der Episkopalkirche, habe ihr seit Wochen von Jesus erzählt und gesagt, ohne ihn könne sie nicht den Heiligen Geist erfahren. Jüdisch erzogen wie ich auch, hatte sie sich hin und her gerissen gefühlt und sich dem Zeugnis ihrer Freundin nicht öffnen können. Aber ihr Herz war hungrig nach der Wahrheit. Just an diesem Abend hatte sie, ehe sie zur Synagoge aufbrach, gebetet, der Herr möge sie ihr zeigen. Und kaum war sie da, sprach sie schon wieder jemand auf Jesus an!

Den nächsten Monat hindurch besuchten wir beide wöchentlich die Synagoge. Hinterher gingen wir zu meinen Gastgebern und redeten bis in die frühen Morgenstunden. Jetzt wurde ich mit all den Argumenten konfrontiert, mit denen ich selbst mich einst dagegen gewehrt hatte, daß Jesus der Messias sein sollte – nur daß ich jetzt in der Diskussion die andere Seite vertrat.

In der vierten Woche kam Linda nicht. Das beunruhigte mich. Ich begriff es nicht.

Am darauffolgenden Mittwoch rief sie mich an. Aufgeregt erzählte sie mir, am vergangenen Freitag habe sie wieder eine lange Diskussion mit ihrer Mitbewohnerin über Jesus und den Heiligen Geist gehabt. Nachdem sie vorm Aufbruch zur Synagoge rasch noch geduscht hatte, hatte sie – noch klitschnaß im Bademantel – ein Gebet gesprochen und gesagt: „Herr, Gott Abrahams, Isaaks und Jakobs, wenn Jesus wirklich der Messias ist, dann zeig es mir bitte jetzt und fülle mich mit dem Heiligen Geist."

Weiter sagte sie, nach dem Gebet habe sie vor Überwältigung nicht anders gekonnt, als sich vor ihr Bett zu knien. Auf einmal habe sie in einer Sprache zu beten begonnen, die sie nicht verstehen konnte. Stunden vergingen, mittlerweile war es tief in der Nacht, ehe sie sich wieder bewegen oder auch nur ihre Zimmergenossin anrufen konnte, um ihr zu erklären, was passiert war.

Wie freuten wir uns miteinander! Das war vor fast dreißig Jahren. Kürzlich besuchte sie uns, nach wie vor stark im Herrn, in Jerusalem, und gemeinsam dachten wir darüber nach, wie der Herr sich jeder von uns in den Jahren seit 1973 mehr und mehr geoffenbart hatte.

Während meiner Zeit in Honolulu bekam ich auch einen Blick für Missionswerke, die es sich angelegen sein ließen, die Juden auf dem nordamerikanischen Kontinent zu erreichen. Mit einer der bekanntesten dieser Gruppen trat ich in Briefwechsel. Ich hörte auch von dem „messianisch" ausgerichteten Missionsansatz und knüpfte viele Kontakte mit Christen, die daran interessiert waren, die Juden von Honolulu mit dem Evangelium zu erreichen. Ich fand Sponsoren, die bereit waren, in den Druck von Literatur zu investieren, und hatte Radio- und Fernsehauftritte. Selbst ein Auto wurde mir geschenkt! Um den Bedürfnissen einiger neubekehrter Juden begegnen zu können, gründete ich eine Bibelstudiengruppe für jüdische Gläubige in Honolulu.

Inmitten dessen, was ich für die Entfaltung meiner Berufung hielt, statteten mir die Ältesten einen Besuch ab. Ihnen paßte es überhaupt nicht, daß ich meine Fühler Richtung Judentum ausstreckte. Sie forderten mich auf, meine Koffer zu packen und am nächsten Morgen mit ihnen auf die Große Insel zurückzufliegen. Ich war am Boden zerstört und vollkommen verwirrt. Weinend rang ich mit dem Herrn. Ich wollte das Richtige tun. Wie sollte ich die Spannung zwischen meinem Ruf für das jüdische Volk und meinen daraus sich ergebenden Aktivitäten in Honolulu einerseits und der Anordnung der Ältesten andererseits lösen, gegen die zu verstoßen „Rebellion" bedeutet hätte? Würde ich mich den Ältesten widersetzen, so hätte das zur Folge, daß diese den 300 Menschen, die ich mittlerweile als meine Familie ansah, jeden Kontakt mit mir verbieten und mich ausschließen würden. Konnte ich unter solchen Umständen darauf hoffen, daß Gott mich in

Honolulu weiterhin segnen würde? Ich wollte, daß sie mich im Segen aussandten. Dahin führte nur ein einziger Weg: Ich mußte mit ihnen nach Kona zurückfliegen und mich dort in Ruhe mit ihnen auseinandersetzen.

Stunden später war ich wieder in einer christlichen Wohnkommune an der hügeligen Kona-Küste auf der Hauptinsel des hawaiischen Archipels. Dieser Dschungel mit seinem üppigen Grün war mir durch und durch vertraut und heimisch.

In der ländlichen Stille, durchbrochen nur von Vogelgezwitscher und dem Rascheln der großen, papierartigen Bananenblätter, fand ich zur Ruhe. Tief in mir schwelte der Zorn über die eingetretene Lage nichtsdestotrotz weiter. Der Älteste, der der Wohngemeinschaft vorstand, war ein alter Freund von mir. Er gab mir die Erlaubnis, mich einige Tage lang bei meinen Küchenpflichten vertreten zu lassen. Ich wollte an einem meiner Lieblingsplätze auf der anderen Seite der Insel, wo es eine herrliche warme Lagune gab, in Fasten und Gebet Gott suchen. Die Lagune, gewärmt durch vulkanische Aktivitäten tief in der Erde, lag, umstanden von Palmen und dichtem grünen Gebüsch, direkt hinter dem Strand.

In jenen Tagen traf man dort außer den hawaiischen Ureinwohnern kaum Menschen. Eines Tages begegneten mir an der Lagune drei Jungen. Da ich „Pidgin" sprach, unterhielten wir uns lange und entspannt miteinander, während wir uns im warmen Wasser der Lagune aalten. Wahrscheinlich kümmerten sich sonst kaum Erwachsene um diese Jungs, waren sie doch die jeweils jüngsten Sprößlinge dreier der großen Sippen, die in jener Gegend lebten. Ich erzählte ihnen von Jesus und einer lebendigen Beziehung zu Gott.

Später fragten sie mich, wo ich wohnte. Ich sagte ihnen, ich wohne in der winzigen Strandhütte, in der sich jeder niederlassen konnte, der Lust hatte. Die Jungs sagten, sie könnten mir hinten zwischen den Bäumen einen anderen Platz zeigen, der weit besser sei. Er gehöre einem ihrer Brüder, der nicht da sei, weil er in der Stadt arbeite. Über einen gewundenen Pfad gingen wir in den Dschungel hinein, bis wir zu einer netten, rustikalen Hütte kamen, die sich zwischen die Kokospalmen schmiegte. Sie fanden den Schlüssel und zeigten mir alles.

Bei Sonnenuntergang erzählte ich ihnen weiter von der Bibel und einer lebendigen Beziehung mit dem Herrn. Langsam aber sicher kamen die Moskitos heraus und begannen uns auszusaugen. Ich glaube, einen solchen Moskitoschwarm hatte ich noch nie zuvor gesehen. Normalerweise gehen sie nicht sonderlich auf die Einheimischen, hier aber saßen sie auf uns allen. Die Jungs sagten in Pidgin: „Was sollen wir bloß machen, wir ham nix nich' mehr da davon!" Gemeint war Insektenspray.

Ich hatte nicht vor, diesen Insekten die gute Zeit des Zeugnisses zu opfern, die ich mit diesen Jungs verbrachte. Also fing ich an, ihnen zu erzählen, was Jesus über die Autorität sagte, die der Vater uns in seinem Namen verliehen hat, gipfelnd in der Ankündigung: „Ich werd' beten und sie im Namen Jesu verscheuchen!" In einem kurzen Gebet gab ich den Moskitos in Jesu Namen die Anweisung zu verschwinden. Im nächsten Augenblick redeten wir wieder völlig ungestört. Nur ein paar Käfer mußten wir ab und an mit den Händen fortwedeln. Dabei wurde uns erst nach einer Weile bewußt, daß weit und breit kein einziger Moskito mehr da war!

Es dauerte nicht mehr lange, bis die Jungs nach Hause mußten, wo ihre Eltern Fisch zubereiteten und im Strandpavillon Musik machten. Später mußte ich in dieselbe Richtung laufen, um ein paar Sachen aus meinem Auto zu holen. Da winkten sie mich allesamt zu sich herüber. Ich mußte im Pavillon Platz nehmen und mit ihnen reden. Nach dem, was die Jungs ihren Eltern über die Moskitos erzählt hatten, galt ich als Heilige mit übernatürlichen Kräften. Man bat mich, für die halbe Einwohnerschaft des Dorfes zu beten, was ich natürlich mit großer Freude tat. Immer wenn ich später diesen Ort wieder besuchte, behandelten mich die Einheimischen mit einer gewissen scheuen Ehrfurcht.

Einer der Jungs, „Eddieboy", bat mich, ihm das kleine Notizbuch zu leihen, in das ich mir, thematisch geordnet, etliche Bibelstellen notiert hatte und das mir als eine Art persönlicher Konkordanz diente. Ich sagte ihm, bestimmt könne er meine Handschrift sowieso nicht lesen, aber er dürfe das Büchlein gern ausleihen, wenn er verspreche, es wieder zurückzubringen. Ein paar Tage später gab er es mir dankbar lächelnd zurück. Nachdem er gegangen war, fand ich eine neue Eintragung. Auf einer ansonsten leeren

Seite stand: „Vielen, vielen Dank, Du hast mir den Weg zu Jesus gezeigt! Das schrieb Dir Eddie." Gott kann jede Situation benutzen, das Gute zu wirken!

17
Der Bund

Nachdem ich erst einmal wieder in Kona war, ließen die Ältesten nicht das leiseste Anzeichen erkennen, das mir Hoffnung gemacht hätte, erneut nach Honolulu fahren zu können. Nachdem sie mir aber erlaubt hatten, ein Häuschen für mich allein zu beziehen, stand ich nicht mehr gar so sehr unter ihrer Knute. Dort oben auf den sanft abfallenden Hängen der alten überwucherten Kaffeeplantage konnte man beobachten, wie die Sonne von üppigem Grün umrahmt im Meer versank. Einige der Brüder kamen vorbei und möbelten meine zerfallende Hütte ein bißchen auf, während ich anfing, mich als Privatlehrerin um zwei Kinder aus einer gläubigen, armen Familie in der Nachbarschaft zu bemühen. Jeweils für einen halben Tag kamen sie über die Dschungelpfade zu mir herüber, und ich gab ihnen Unterricht.

Da ich jede Menge freie Zeit zur Verfügung hatte, begann ich mich eingehender mit den Propheten zu beschäftigen. Ich lernte das Bild des immer wieder zurückfallenden Israel kennen, wie Jeremia es zeichnet. Während meines sorgfältigen Studiums dieses Buches wachte ich manchmal mitten in der Nacht auf und konnte dann nicht anders, als für das jüdische Volk Fürbitte zu tun, und zwar sowohl für die in aller Welt verstreuten Juden als auch für die in Honolulu, von denen ich mich gerade erst hatte verabschieden müssen. Ich erkannte, daß so viele Verhaltensmuster, die die Menschen bereits vor Tausenden von Jahren an den Tag gelegt hatten, auch noch in der heutigen Synagoge herrschten: Da war so viel an religiöser Schau; wohlhabende Mitglieder erfreuten sich vorrangiger Aufmerksamkeit; „Geben" wurde so praktiziert, daß auch ja jeder es mitbekam. Selbst die hohen Feiertage wurden zu *Fundraising*-Gelegenheiten umgemünzt. So vieles zielte auf äußerliche Schaueffekte ab; wo die Herzen der Menschen standen, war dabei völlig egal. Es war genau so, wie es Jesaja vor Tausenden von Jahren formuliert hatte: „Weil dieses Volk mit seinem Mund sich naht und mit seinen Lippen mich ehrt, aber sein Herz fern von mir hält und ihre Furcht vor mir nur angelerntes Menschengebot ist ..." (Jes. 29,13). Wie der Prophet an anderer Stelle (Kap. 6,9 ff.) ausführt, hatte Gott in seiner Souveränität die Augen des Volkes geblendet – bis zu jenem Tag ...

Ich fing an zu weinen und fürbittend vor dem Herrn um die Errettung des Volkes Israel zu ringen. Ich dachte daran, wie wir in der Synagoge die rechte Hand gehoben und, von einem Psalmgebet ausgehend, einen Eid geschworen hatten: „Wenn ich dich vergesse, Jerusalem, so werde vergessen meine Rechte! Es klebe meine Zunge an meinem Gaumen, wenn ich deiner nicht gedenke..." (Ps. 137,5 f.) Ich dachte an die *Hatikwa*, die nationale Hymne, die ich als Kind gelernt hatte und deren Text in freier Wiedergabe lautet: „Tief im Herzen verspürt der Jude ein stetiges Sehnen und Verlangen. Mit erwartungsvollen Blicken wendet er sein Haupt gen Osten, zum Zion hin ... Unsere zweitausendjährige Hoffnung auf Wiederkehr an den Zion haben wir nie verloren ..."

Ich wußte aber auch um den jüdischen Widerstand gegen das Evangelium, nicht bloß aus meiner eigenen Erfahrung, sondern auch aus dem Kämpfen anderer Juden, die mir begegnet waren oder deren Lebenszeugnisse ich gelesen hatte. Mit Interesse hatte ich von der sogenannten messianischen Bewegung gehört. Mir ging es nicht darum, die Juden unters Gesetz zurückzubringen. Die Gesetzesfrömmigkeit mit ihrer Befolgung von Regeln und Ordnungen war nicht mein Ziel. Ich sehnte mich aber nach einer Form von Gemeinschaftsleben, mit dem jüdische Menschen leichter zurechtkämen.

Erneut brannte in mir der Ruf, zum jüdischen Volk zu gehen, sei es nun in Israel, in Amerika oder wo auch immer. Und doch war ich in vielerlei Hinsicht auf einen solchen Dienst überhaupt nicht vorbereitet. Ganz sicher wollte ich nicht wirklich nach New York zurück, und die Zeit, die ich vor Jahren, 1963, in Israel zugebracht hatte, war eine schwierige Erfahrung gewesen. Die israelische Kultur hatte mir überhaupt nicht gefallen. Da zog ich doch unbedingt die Vertrautheit des hawaiischen Archipels vor, wo ich so viele Freunde und Bekannte hatte. Nein, hier wollte ich nicht weg, aber ich wollte auch dem Ruf Gottes gehorchen, wußte ich doch, daß auf diesem Weg sein Segen meiner wartete.

Ich fuhr noch einmal zum Fasten und Beten auf die andere Seite der Insel zu der heißen Vulkanlagune. Diesen Ort hatte ich liebgewonnen, um im warmen Wasser unter den Palmwipfeln den Herrn zu suchen. Auf ausgedehnten Spaziergängen entlang der einsamen, vom sprießenden Dschungel halb überwucherten Strände suchte ich tagelang Klarheit von Gott. Nach viel Gebet wuchs in mir die feste Überzeugung heran, daß ich noch mehr Vorbereitungszeit brauchte, ehe ich nach Israel gehen konnte. Es war schlicht und einfach so, daß ich noch nicht bereit war!

Einige Wochen darauf besuchte ich diese Seite der Insel erneut, diesmal mit einer jüngeren gläubigen Freundin. Unterwegs entschlossen wir uns, einen Abstecher nach Hilo zu machen, um ein paar Freundinnen zu besuchen, die an einem neugegründeten Werk namens „Jugend mit einer Mission" mitarbeiteten. Diese Gruppe hatte soeben in einem Landhaus, dessen Vormieter unsere Gemeinde gewesen war, eine Schule eröffnet. Während wir dort waren, fragte ich die Mädels, die wir besuchten: „Wohin *senden* die euch, nachdem sie euch fertig ausgebildet haben?"

Was sie antworteten, fand ich sehr interessant: „*Senden* tun sie dich nirgendwohin. Du mußt selbst Gott suchen und ihn fragen, wo er dich haben möchte, und dann schauen, ob die Leiter diesen Ruf bestätigen."

Das klang neu! So hatten wir die Dinge in unserer Gemeinde nie gesehen. Da gab es niemanden außer den Ältesten, der Gottes Willen für uns gekannt hätte. So jedenfalls hatte man uns gelehrt.

Man stellte mich der Frau des Schuldirektors, Darlene Cunningham, vor. Sie hatte die Fürbittezeit geleitet, in die wir hineingeschneit waren. Sämtliche Gebete waren hier darauf ausgerichtet, etwas von Gott zu hören. Es war aufregend! Zu Darlene und dem hellen geistlichen Licht, das von ihr auszustrahlen schien, fühlte ich mich sehr hingezogen.

Ich bat sie um ein persönliches Gespräch. Ich hatte mehrere Fragen in bezug auf geistlichen Dienst, die ich ihr gern stellen wollte. Sie sagte unter der Voraussetzung zu, daß sie ihre Hausarbeit erledigen könne, während wir redeten. So saßen wir denn in einem sehr großen begehbaren Kleiderschrank auf dem Boden. Während sie mit Schuhpflege beschäftigt war, antwortete sie mit großer

Klarheit und Weitherzigkeit auf meine Fragen. Ich war beeindruckt.

Nur zu gern hätte ich die Schule besucht, deren Kurse gerade anfingen, aber die Einschreibgebühr betrug 2000 Dollar, und die hatte ich nicht. Der Freundin, die in meiner Begleitung war, ging es ähnlich. Nachdem wir gebetet hatten, traf sie den Entschluß, aus Mitteln einer Erbschaft, die sie erwartete, den Schulbesuch für uns beide zu bezahlen – für mich ein Wunder der Versorgung. Auf direktem Weg fuhren wir an die Kona-Küste zurück, um unsere Sachen zu packen und mit der Schule anzufangen.

Ich reise auf der Stelle wieder nach Hilo zurück, während meine Freundin ein paar Tage später nachfolgen wollte. Man hatte mich aufgrund ihres Versprechens angenommen, die Gebühren zu bezahlen, sobald ihre Erbschaft eingetroffen sein würde. Aus Tagen wurden Wochen, ohne daß sie auf der Schule erschien. Dann hörten wir, daß sie zu den *Moonies* übergelaufen sei, einer Sekte, die dafür berüchtigt war, sämtliches Eigentum ihrer Mitglieder an sich zu reißen. Traurigerweise sah ich diese Freundin nie wieder.

Jetzt steckte ich wirklich in der Klemme! Die Schule lief bereits seit mehreren Wochen – wovon sollte ich die aufgelaufenen Gebühren bezahlen? Die Schule lehrte sehr nachdrücklich, wie man im Glauben Gottes finanzielle Versorgung empfängt – ein Thema, über das ich auch meine erste Hausarbeit zu verfertigen hatte. Ich überwies der Schule alles Geld, das ich besaß, kam aber nicht einmal in die Nähe der 2000 Dollar, die ich schuldete. Während das Schuljahr voranschritt, suchte ich Gott im Gebet; denn auf natürliche Weise konnte ich dieses Geld niemals zusammenbekommen. Der Herr erwies mir Gnade: Ohne daß ich es wußte, fühlten sich andere Schüler gedrängt, ins Büro zu gehen und Gelder auf mein Konto einzuzahlen. Fortwährend stellte das Schulbüro mir Quittungen zu. Ich freute mich über alle Maßen.

Die ganze Zeit über hatte ich keine Ahnung, wer da für meine Kosten aufkam. Die folgende herrliche Geschichte erzählte mir eines der Mädchen aus meinem Schlafsaal am Ende des Schuljahrs. Sie diente als Missionskrankenschwester in Afrika und brauchte unbedingt ein Allradfahrzeug fürs Missionsfeld. Man hatte ihr 1700 Dollar geschenkt – genau den Betrag, der mir fehlte. Sosehr sie sich auch über dieses Geschenk freute, sie brauchte das Zehnfache, um ein geeignetes Fahrzeug anschaffen zu können. Sie suchte den Herrn und empfand, daß sie mit dem Geld, das sie bekommen hatte, meine Schulden bezahlen sollte, was sie auch tat. Am Ende des Schuljahrs erfuhr sie, daß ein anonymer Spender ihr ein Auto gekauft hatte! Gemeinsam priesen wir den Herrn.

Als die Ausbildung beendet war, wurde ich so geführt, daß ich als Mitarbeiterin an der Schule blieb, und zwar zu meiner Freude mit Darlene als persönlicher Mentorin. Wir trafen uns in der Regel zweimal wöchentlich zu Mentoring-Gesprächen, und diese Zusammenkünfte sollten mein Leben verändern. Durch ihre liebevolle Annahme und Weisheit half sie mir zu verstehen, wie ich mit dem umgehen sollte, was sich in meinem inneren Glaubensleben abspielte. Sie hatte zu allem eine so positive Einstellung und war so voller Glauben!

Später schrieb ich mich für eine Leiterschaftsschule ein. Alles, was dort durch echte Männer und Frauen Gottes gelehrt wurde, war hervorragend. Ich lernte mehr über Gott und seine Art als je zuvor. Meine Fähigkeit, von ihm zu hören und auf seine Führung zu warten, entfaltete sich mehr und mehr.

Ich erkannte, daß dies ein Lernprozeß war. Häufig bestätigten sich meine inneren Empfindungen durch Verse, die mir während der täglichen Bibellese aus der Schrift entgegensprangen. Manchmal dachte ich unvermittelt an ein Kapitel samt Versangabe, und wenn ich die betreffende Stelle dann aufschlug, fand ich ein Wort, das genau in die Situation paßte, in der ich gerade war. Das hatte mit Kleinigkeiten begonnen, aber jetzt, während ich grundlegende Wegweisung für mein Leben suchte, legte Gott die Latte allmählich immer höher. Wiederholt redeten die letzten Jesaja-Kapitel in puncto Rückkehr nach Zion und „Wiederaufbau der Ruinen alter Zeit" zu mir. Und dann kam der Tag, an dem der Geist Gottes mich klipp und klar zu Jeremia 31,21 f. führte:

> *Richte dir Wegweiser auf, setze dir Wegzeichen, richte dein Herz auf die Straße, auf den Weg, den du gegangen bist! Kehre um, Jungfrau Israel, kehre um in diese deine Städte! Wie lange willst du dich hin und her wenden ...*

Das unterstrich ich mir dick und fett!

Ich erinnere mich sehr genau an einen Morgen nach Abschluß der Leiterschaftsschule. Ich war im Gebet, weil ich unbedingt wissen mußte, wohin mein weiterer Weg nun führen sollte. Der Herr gab mir den Eindruck, daß ich bald gehen würde. Ich betete wieder und fragte ihn, wie bald. Tief in meinem Geist hörte ich die Antwort: „Zwei Wochen!"

Ein paar Tage später war ich wieder im Gebet. Ich spürte den Eindruck, eine bestimmte Bibelstelle aufschlagen zu sollen, von der ich nicht wußte, was dort stand. Die Stelle handelte von all den Juden aus dem „Exil", die sich versammelten, um Passah in Jerusalem zu begehen. Auf dem Kalender waren es noch ziemlich genau zwei Wochen bis zum tatsächlichen Passahtermin. In mein Tagebuch schrieb ich: „Herr, du möchtest, daß ich binnen zwei Wochen nach Jerusalem reise ... Du weißt doch, wie weit das ist – um die halbe Welt. Wie kannst du das bloß machen? Aber wenn es wirklich dein Wille ist, dann bitte ich dich, mir nicht bloß das notwendige Geld zu geben, sondern mir eine Bestätigung durch die Leiterschaft zukommen zu lassen, ohne daß ich auch nur ein Wort darüber verliere!"

Es dauerte nur ein paar Tage, da lud mich einer der Leiter, Allen Williams, mit seiner Frau – den beiden war ich während des letzten Kurses direkt unterstellt gewesen – in seine Wohnung ein.

Nachdem wir ein bißchen geklönt hatten, fragten sie mich, welche Führung des Herrn ich für meine Zukunft sähe. Ich sprach unverbindlich von mehr Vorbereitung, die ich bräuchte, um dem jüdischen Volk dienen zu können. Allen unterbrach mich und sagte: „Ich glaube nicht, daß dafür noch Zeit ist!" Dann fuhr er fort: „Neulich habe ich für dich gebetet und bekam den Eindruck, daß der Herr dich sehr bald aussenden will. Es war ein so starker Eindruck, daß ich nochmal betete und den Herrn fragte: ‚Wie bald?' Er sagte zu mir: ‚In zehn Tagen!'"

Ich war von den Socken. Aus seinem Tagebuch ging hervor, daß dieses Reden Gottes exakt vier Tage nach der Weisung kam, die ich selbst empfangen hatte!

Allen hatte empfunden, ein Teil dessen, was Gott tun wolle, habe mit einer Heilung in meiner Familie zu tun. Da sich meine Mutter in New York aufhielt, schien es richtig, sich zuerst dorthin zu begeben. Nachdem Allen die Sache mit Loren Cunningham durchgesprochen hatte, empfand dieser, er solle mich in einen anderen Dienst aussenden. Er kannte einen jüdischen Evangelisten, der im Begriff war, ein Missionswerk auf Long Island zu beginnen, um die Juden New Yorks zu erreichen. Dieses Werk aber würde erst im Herbst anfangen, und jetzt hatten wir Frühjahr. Ich würde also genug Zeit haben, um mich langsam zur Ostküste vorzuarbeiten, indem ich auf meinem Weg quer durch die Vereinigten Staaten eine Reihe messianischer Werke besuchte.

Ich besaß ein altes Auto, einen metallicfarbenen VW-Käfer des Baujahrs 1960, dessen Verkauf gerade so viel einbringen würde, daß ich eine Flugkarte nach San Francisco würde erstehen können. Ich hatte Glauben dafür, daß der Herr alles weitere schenken würde, was ich unterwegs brauchte. Schließlich folgte ich doch seiner Führung.

An die nächsten Tage habe ich nur nebulöse Erinnerungen. Alles mußte so schnell gehen! Am Wochenende vor meiner Abreise stellte ich meinen Wagen – es war zehn Uhr am Sonnabend vormittag – gut sichtbar auf einem Supermarkt-Parkplatz ab. Am Vorabend hatte ich gebetet, der Herr möge schnell machen und mir einen Käufer vorbeischicken, der mich das Auto bis zu meinem Abflug am folgenden Mittwoch noch benutzen lassen würde.

Viertel nach zehn klingelte das Telefon, und gleich der erste Anrufer kaufte das Auto. Einen weiteren Anruf gab es auch gar nicht. An jenem Tag lernte ich, daß Gottes Pläne präzise aufgehen, wenn er eine Sache erstmal in die Hand nimmt!

Es zerriß mir das Herz, die Inseln tatsächlich verlassen zu müssen. Immer noch mit den zahlreichen Blumenkränzen angetan, die mir während meiner Abschiedsparty – die nicht weniger als 250 Leute besucht hatten – geschenkt worden waren, brachte mich ein Fahrer nach Hilo auf der anderen Seite der Insel, von wo aus ich zum Festland fliegen sollte. Immer wieder ließ ich meinen Chauffeur anhalten und knipste wie eine Wilde, um so viele Erinnerungen an mein geliebtes Hawaii wie nur irgend möglich mitnehmen zu können. Nachdem ich einen besonders schönen Wasserfall aufgenommen hatte und mich wieder dem Auto zuwandte, hörte ich jene innere Stimme, in der ich Gottes Reden zu mir zu erkennen gelernt hatte, sagen: „Denk an Lots Frau! Wende dich nicht zurück, sonst werde ich dich durch deine eigenen Tränen zur Salzsäule erstarren lassen!" Das war eine klare und deutliche Botschaft.

Ich stieg ins Flugzeug und döste vor mich hin, eingelullt von dem allmählich verfliegenden Duft der Plumerienblüten.

18
Auf demselben Weg zurück

Am Flughafen von San Francisco erwartete mich eine Vertreterin des Werkes, bei dem ich für ein paar Tage zu Gast sein würde. Mit Verblüffung registrierte ich, daß man mich nur ein paar Häuserblocks von meiner letzten San Franciscoer Wohnung entfernt unterbrachte, in der ich gelebt hatte, bevor ich vor gut sieben Jahren nach Hawaii aufgebrochen war. Das bedeutete mir viel, lautete doch einer der Verse, durch die Gott im Gebet wirklich zu meinem Herzen gesprochen hatte, dem Sinn nach: „Kehre um, Tochter Zions, geh den Weg zurück, den du gekommen bist!" Es faszinierte mich ungemein, daß ich buchstäblich denselben Weg zurückging, auf dem ich gekommen war.

Am nächsten Morgen hielt ich meine tägliche stille Zeit. Zu meinem großen Erstaunen sah meine regelmäßige alttestamentliche Bibellese für diesen Tag die Geschichte von Lots Frau vor. Da war etwas, worauf der Herr seinen Finger legte!

Später flog ich nach Los Angeles weiter, wo eine messianische Konferenz stattfinden sollte, an der ich teilnehmen wollte. Die Tage vor der Konferenz verbrachte ich mit einem älteren jüdischen Ehepaar. Die Frau war vor vielen Jahren bereits zum Glauben gekommen und besuchte eine Gemeinde. Ihrem Mann, Leroy, fiel es unheimlich schwer, den Glauben seiner Frau mit seinem Judentum zu vereinbaren. Zwar besuchte auch Leroy seiner Frau zu Gefallen ganz für sich allein eine messianische Versammlung, aber gerettet war er nicht.

Die beiden wohnten in Santa Monica. Der messianische „Tempel" befand sich in Encino, ungefähr eine Autostunde entfernt. Ich war natürlich an der messianischen Glaubensform sehr interessiert, so daß ich Leroy in die Versammlung begleitete. Staunend begegnete ich älteren jüdischen Männern, den traditionellen Gebetsschal (*Tallith*) umgehängt, die an Jesus glaubten. Auch ihr Gottesdienst folgte hebräischen Gewohnheiten, und selbst die Versammlungsstätte glich einer Synagoge.

Es war um die Passahzeit, so daß etliche Gottesdienste gehalten wurden. Während unserer gemeinsamen Autofahrten stellte Leroy mir viele Fragen zur Vereinbarkeit von Glauben und Judaismus. Aufgrund der „heidnischen" Glaubensrichtung, der seine Frau folgte, hatte er die Dinge niemals wirklich klar sehen können. Zur allseitigen großen Freude ging Leroy, nachdem wir eine Reihe von Gottesdiensten gemeinsam besucht hatten, in einer Versammlung nach vorne, um den Herrn anzunehmen. Er sagte, daß er viele Dinge bislang nie habe begreifen können; unsere Gespräche aber hätten ihm die Wahrheit vor Augen geführt.

Die langerwartete Konferenz beeindruckte mich sehr. Es gab mehr jüdische Gläubige, als ich mir in meinen kühnsten Träumen auszumalen gewagt hatte. Ich begegnete einer Menge Leute, darunter vielen, die sehr enthusiastisch über Israel dachten. Einige davon waren sogar Heiden, sehr blonde, „angelsächische" Heiden. Sie hinterließen bleibende Eindrücke bei mir. Mir war nie zuvor bewußt gewesen, daß es „christliche Zionisten" gab. Ich traf auch Mitglieder und Leiter von messianischen Versammlungen überall an der Ostküste: Viele luden mich ein, auf einen Besuch zu ihnen zu kommen.

Der Gedanke, nach Israel zu gehen, begann mein ganzes Denken zu durchdringen. Immer und immer wieder hatte ich im prophetischen Schrifttum etwas über den Plan Gottes gefunden, daß das jüdische Volk sich auf israelitischem Boden sammeln und einen neuen Staat Israel gründen sollte.

Aufgrund meiner eigenen Probleme, als Jüdin den Messias anzunehmen, und der unglaublichen Barrieren, die in meiner Kindheit allein schon gegen den Gedanken an Jesus aufgerichtet worden waren, schien es mir angebracht, meine Bemühungen darauf zu richten, daß das jüdische Volk klarere Offenbarung über den Messias empfing. Wie sollten die Juden ihn denn erkennen, wenn er in rein heidnischen Gewändern steckte? Es war doch wie die Geschichte Josephs, der von seinen eigenen Brüdern verraten wurde. Nachdem er in Ägypten gelitten hatte, erwirkte er dort schließlich die Errettung seiner Brüder; doch als sie schließlich wieder vereint waren, konnten diese ihn nicht erkennen, weil er wie ein Ägypter aussah. Mir schien, Gott berief mich zur Wiederherstellung der „Wurzeln".

Ich reiste weiter, um in New York meine Familie zu sehen. Ich wußte, ich sollte einige Zeit mit meiner Mutter verbringen. Sie aber sagte mir nach den verletzenden Erfahrungen, die sie in Hawaii hatte machen müssen: „Du bist nach wie vor in unserem Haus willkommen, *aber keine religiösen Diskussionen, bitte!*"

Am Ende war es angesichts dieser Ermahnung ziemlich komisch, weil sie es war, die mir fortwährend Fragen stellte – Fragen wie: „Und welche Feiertage begeht ihr?" Das ist für die Juden ein enorm wichtiger Punkt. Feiert man Weihnachten und Ostern, so ist man kein Jude mehr. Mit Passah ist es eine ganz andere Geschichte. Doch jedesmal, wenn eines unserer Gespräche zu intensiv zu werden drohte, kam Mutter auf ihre Ermahung zurück: „Sagte ich nicht, *keine religiösen Diskussionen, bitte?*"

„Aber Mutter, *du* warst doch diejenige, die gefragt hat!" pflegte ich dann zu antworten.

Im Frühsommer besuchte ich eine andere, diesmal von der Messianisch-Jüdischen Allianz veranstaltete Konferenz. Erneut wurde es mir zum Segen, mit vielen jüdischen Gläubigen zusammenzukommen und einen neuen Lobpreis- und Anbetungsstil mitzuerleben, der Hunderte vor Freude tanzen ließ. Während dieser Zeit empfand ich noch einmal stärker, daß mein Platz nicht in Amerika, sondern in Israel war. In Amerika war die Bewegung für eine jüdische Ausdrucksweise des Evangeliumsglaubens bereits auf gutem Wege. In Israel dagegen, das erfuhr ich auf diesen Konferenzen, gab es in dieser Hinsicht noch fast gar nichts.

Wieder einmal brauchte ich klare Weisung vom Herrn, was ich tun sollte. Immer wenn ich betete, wurde der Gedanke durchdringender und beständiger: Israel!

Seinerzeit hatte ich gerade einen sehr gut bezahlten dreiwöchigen Job auf einer Freizeit im Norden des Staates New York. Mir war es wichtig, von den Jugend-mit-einer-Mission-Leitern gesegnet zu werden, die mich an die Ostküste ausgesandt hatten. Sie hielten sich alle zu einem Olympiade-Einsatz in Montreal auf, nur etwa zweieinhalb Autostunden entfernt. Als ich einen Tag frei hatte, lieh ich mir ein Auto und fuhr dorthin. Inmitten der Hunderte von Menschen, die an dem Einsatz teilnahmen, stieß ich auf Loren und meine Leiter. Ich erzählte ihnen von meinem Empfinden, daß ich mir einen Platz in Israel suchen sollte, statt in New York zu bleiben. Sie beteten mit mir, bestätigten diese neue Führung und sandten mich im Segen aus. Obendrein stellten sie mich einem jungen Mann und einer jungen Frau vor, die in Israel aufgewachsen waren und gerade im Begriff standen, mit ihren Eltern, die Missionare waren, für ein Jahr dorthin zurückzukehren. Die beiden luden mich ein, nach meiner Ankunft in Israel, wann immer das sein würde, bei ihnen zu wohnen. Ich war hin und weg.

Zu Hause in New York zeigte meine Mutter sich sehr besorgt über mein Vorhaben, so weit weg zu ziehen, vor allem angesichts meiner mehr als schmalen Geldbörse. Ich hatte Glauben, daß Gott mich versorgen würde, aber das nachzuvollziehen fiel meiner Mutter natürlich schwer.

Das Herz sank mir, als ich einen israelischen Vertreter um Rat fragte, was ich alles nach Israel mitnehmen solle. Er empfahl mir, möglichst einen kompletten Haushalt mitzunehmen, da in Israel alle Waren – Kleidung, Haushaltsartikel, elektrische Gerätschaften usw. – sehr teuer seien. Eine Person, mit der ich sprach, riet mir sogar, Unterwäsche für mehrere Jahre auf Vorrat mitzunehmen! In Hawaii hatte man auch im Winter nie mehr als ein *Sweatshirt* gebraucht. Ich besaß kaum Kleidung, hatte das meiste von meinen Besitztümern verschenkt. Mein ganzer Haushalt bestand im Grunde aus nichts weiter als meiner Gitarre!

Diese Informationen, verbunden mit den Sorgen meiner Mutter wegen meines schmalen Geldbeutels, wurden mir zu einer Gebetslast. Da ich schon in ein paar Wochen abreisen wollte, betete ich: „Herr, ich bin ohne weiteres bereit, mit nichts zu gehen und dir zu vertrauen, aber bitte laß mich innerhalb der nächsten Woche 1000 Dollar bekommen, damit meine Mutter ihre Ruhe hat!" Fragen Sie mich nicht, wie ich ausgerechnet auf diese Summe kam – die natürlich im Jahre 1976 wesentlich mehr wert war als heute –; sie erschien mir einfach richtig. Ich verließ mein Zimmer und verkündete meiner Mutter: „Ich hab den Herrn gebeten, mir innerhalb einer Woche 1000 Dollar für die Reise zu geben, und ich werd' sie kriegen – wart nur!"

Meine Pläne gingen dahin, die messianischen Versammlungen an der Ostküste zu besuchen, die mich eingeladen hatten, bevor ich nach Israel abreiste.

Ich fuhr nach Philadelphia, wo ich sehr lebendige Versammlungen voller hebräischer Musik erlebte – genau wie auf einem israelischen Folkloreabend! In Washington D. C. forderte man mich zu meinem Erstaunen auf, ein kurzes Zeugnis über den Ruf zu geben, den ich empfand. Ohne daß ich vorher etwas davon gewußt hatte, sammelte die Gemeinde nach meinem Zeugnis ein Opfer für mich. Es kam eine riesige Summe zusammen, die sich während der folgenden Woche sogar noch vermehrte. Am Ende der Woche holte ich meine Kontoauszüge ab, und siehe da: Ich hatte exakt 1000 Dollar bekommen!

Stolzgeschwellt zeigte ich den Kontoauszug meiner Mutter und sagte: „Sieh mal, wie treu Gott ist: genau 1000 Dollar!"

„Schade, daß du nicht um 2000 gebetet hast" war ihre Antwort.

19
Die Heimkehr

Als die Maschine im Anflug auf den Ben-Gurion-Flughafen war und die Lichter Israels in Sicht kamen, stiegen mir die Tränen hoch. Sie kamen tief aus meinem Inneren. Ich weinte, ohne mich beherrschen zu können, das Gesicht gegen die Fensterscheibe gepreßt, so daß es, wie ich hoffte, niemand mitbekam. Es war, als sagte der Herr zu mir: „Siehe – dies sind deine Städte!"

Mein junger Freund und sein Vater, die schon viele Jahre in Israel gewesen waren, holten mich am Flughafen ab und nahmen mich für die ersten paar Tage mit zu sich nach Hause. Ich begann die Stadt Tel Aviv mit ihren breiten, von kleinen Geschäften gesäumten Straßen zu erkunden. Es gab die verschiedensten Läden für Waren aller Art. Die Vegetation erinnerte mich an Hawaii. Die Bürgersteige waren von feuerroten Hibiskushecken gesäumt. Nachtblühender Jasmin rankte sich an weißgekalkten Wänden empor, während die üppigen weißen Blüten von den Plumerienbäumen, die in den handtuchgroßen Gärtchen wuchsen, jenseits der Umfassungsmauern auf die Straße rieselten. Die Atmosphäre allerdings unterschied sich sehr von der Hawaiis: Jede Menge Busse und andere Fahrzeuge bliesen stinkende Qualmwolken aus, und es erscholl jenes fortwährende Hupkonzert, für das israelische Kraftfahrer berüchtigt sind.

Die Familie war überglücklich, mich zu all den geistlichen Aktivitäten mitzunehmen, an denen sie teilnahm. Sie waren ungemein stolz auf alles, was in diesem Bereich geschah, doch mir sank das Herz, während wir von einer Veranstaltung zur anderen zogen. Ganz anders als die messianischen Versammlungen, denen ich gerade noch in Amerika beigewohnt hatte und bei denen Hunderte von Menschen zu jüdischer Lobpreis- und Anbetungsmusik getanzt hatten, waren diese Gottesdienste steif, und man sang alte Choräle, die ins Hebräische übersetzt worden waren. Nichts an diesen Gottesdiensten schien mir auch nur ansatzweise geeignet, die Menschen anzuziehen, die ich auf den Straßen gesehen hatte. In jener Woche sank mir der Mut rapide. Dann besuchte ich den letzten Gottesdienst der Woche, der sich als ins Hebräische übersetzte traditionelle anglikanische Messe herausstellte, bei der die Liturgie aus dem Gebetbuch gelesen wurde.

Auf dem Heimweg fragte mich meine Gastgeberin süßlichen Tons: „Und, meine Liebe, wie hat es Ihnen gefallen?" Es klang, als habe sie für ihren Teil sich rundum wohlgefühlt und den Gottesdienst sehr gelungen gefunden.

Unfähig, meine Enttäuschung noch länger zu verbergen, platzte ich – lauter, als es meine Absicht gewesen war – heraus: „Ich fand es ... schrecklich!" Dabei kamen mir auch noch die Tränen. Sie wußte mit meiner Reaktion nichts anzufangen. Mir stand eine von göttlichem Leben erfüllte Gemeinschaft vor Augen, die authentisch hebräische Ausdrucksformen lebte, eine Gemeinschaft mit pulsierendem Lobpreis in einem Stil, mit dem jeder Israeli etwas anzufangen wissen würde. In keinem der Gottesdienste, zu denen sie mich mitgenommen hatte, hatte ich davon auch nur die geringste Spur entdeckt!

In jenen ersten Tagen im Verheißenen Land im Jahre 1976 machte ich die schmerzliche Entdeckung, daß eine Vision es wesensmäßig an sich hat, erst noch Wirklichkeit werden zu müssen. Sobald etwas in der Realität existiert, ist es keine Vision mehr. Darüber hinaus lernte ich eine Menge mehr über fürbittendes Gebet, wußte ich doch, daß ohne solches Beten nichts sich verändern würde. Der junge Mann, den ich zum erstenmal bei der JMeM-Veranstaltung in Montreal getroffen hatte, empfand dieselbe Not und verstand ebenfalls etwas vom Beten. Es war Herbst und immer noch warm, so daß wir damit begannen, uns einmal in der Woche unten am Strand zum Beten zu treffen. Die Badesaison war längst vorbei, so daß wir die weiten Strände Tel Avivs für uns allein hatten. Wir bildeten ein ungleiches Paar: ich mit meinen damals 35 Lenzen, während er noch ein Teenager war!

Aus Neugier fragten ihn seine Eltern, wieso er sich eigentlich dauernd mit mir treffe. Das eröffnete ihm die Möglichkeit, ihnen etwas von einer frischen, neuen Gebetsdimension und der Vision von einem ureigenen geistlichen Leben für den Leib des Messias in Israel zu erzählen. Sie ließen sich begeistern und wollten gemeinsam mit uns beten. Bald stießen noch Ruth und Yatsuk zu uns, ein junges Ehepaar – er ein in Israel geborener *Sabra*, sie Amerikanerin. Die beiden hatten während einer Europareise eine bahnbrechende Wiedergeburt erlebt. Mit dieser Handvoll Leute war unsere erste Fürbittegruppe geboren. Unser Treffen bildete für mich den Höhepunkt einer jeden Woche, auch wenn wir manchmal nur zu zweit oder zu dritt waren.

Die nächsten Monate, beherrscht von meinem Besuch des *Ulpan*, der hebräischen Sprachschule, in Tel Aviv, waren die vielleicht härtesten meines Lebens. Fünf Stunden am Tag und sechs Tage die Woche ging ich zur Schule. Auf jeder Busfahrt hatte ich einen kleinen Stoß Vokabelkärtchen dabei, um jede freie Minute zum Pauken zu nutzen. Ich wußte: wollte ich jemals auch nur einen Menschen in Israel erreichen, so mußte ich die Landessprache fließend beherrschen. Da meine finanziellen Mittel begrenzt waren, versuchte ich mit meinen 1000 Dollar so lange wie irgend möglich auszukommen, während ich die Sprachschule besuchte. Ich wohnte in einer großen, dreistöckigen Einwanderer-Unterkunft, die in staatlicher Hand war. Die Herberge war spärlichst möbliert: Jedem Bewohner stand nichts weiter zur Verfügung als ein Bett, ein Stuhl und ein kleiner Schreibtisch. Das Haus war als Dach überm Kopf gedacht und nicht als Platz zum komfortablen Wohnen. So hielt man es mit Bedacht, war es doch erwünscht, daß die Bewohner das Haus wieder verließen, sobald sie ihre Sprachschule abgeschlossen hatten. Ich besaß kaum Kleider, nicht einmal einen Wintermantel, da irgend jemand mir den Bären aufgebunden hatte, in Israel werde es nicht kalt. Und ob es kalt wurde! Ich trug mehrere Schichten Kleidung übereinander, um mich einigermaßen warmzuhalten. Unsere Toiletten waren im Erdgeschoß am Ende eines halboffenen Ganges, der eine einzige Zugluftschleuse bildete. Im Sommer war der Weg durch diesen Gang angenehm kühl, im Winter aber eine erkältungsträchtige Angelegenheit, um so mehr, wenn man keinen Mantel hatte.

Als alleinstehender Frau wurde mir ein winziges Kämmerchen zugewiesen, das ich mit einer ungläubigen 19jährigen Ballettänzerin aus Amerika teilte, die einen Jahresvertrag mit dem Israelischen Staatsballett hatte.

Jedesmal, wenn sie von einer Probe zurückkehrte, verstreuten sich ihre Utensilien – Ballettschuhe, Trikots, *Leggings*, Strümpfe – explosionsartig über ihre Hälfte des Zimmerchens. Auch wenn das bei mir nostalgische Erinnerungen an meine eigene „Ballerina"-Zeit weckte und meine Mitbewohnerin wirklich nett war, lagen zwischen uns beiden doch Welten. Meine Bibel mußte ich anfangs unter der Bettdecke zusammengerollt lesen, bis zwischen uns so viel Vertrautheit gewachsen war, daß ich ihr von meinem Glauben erzählen konnte, ohne daß sie Anstoß daran nahm.

In New York hatte ich eine große Kiste aufgegeben, in der sich meine Gitarre, eine Nähmaschine aus zweiter Hand sowie einige zusammengesuchte Haushaltsartikel befanden, darunter in alte Lappen gewickeltes Passahgeschirr von meiner Mutter. Meine Gitarre legte ich unters Bett und zog sie nur hervor, wenn ich das Zimmer für mich allein hatte. Auf Hawaii hatte ich in der Weise der Einheimischen Gitarre spielen gelernt und viele warme Abende damit verbracht, in Strandpavillons zu sitzen, den Sonnenuntergang zu beobachten und mit den Eingeborenen zu klampfen. Immer wenn ich die Gitarre unterm Bett hervorholte, kamen mir unweigerlich die Tränen. Ich mußte dann daran denken, wie ich zum letztenmal mit meinen Freunden gespielt hatte – und an das Abschiedsfest, zu dem 250 Menschen gekommen waren, um mir auf Wiedersehen zu sagen und mir alles Gute zu wünschen. Doch dann fiel mir regelmäßig das Bibelwort über Lots Frau ein, und ich packte die Gitarre wieder in den Koffer, klappte den Deckel zu und schob sie rasch unters Bett zurück.

Eineinhalb Jahre blieb ich in jener Unterkunft, so lange, bis ich mich fließend in der Landessprache verständigen konnte. Während dieser ganzen Zeit bekam ich nur hin und wieder mal ein wenig Bargeld geschenkt, so daß der Geldbeutel äußerst dürftig bestückt war. Immerhin aber war ich unter den Hunderten von Menschen in jenem Übergangsheim eine der ganz wenigen, die eine Nähmaschine besaßen.

Das sprach sich blitzschnell herum, und bald klopften immer wieder Leute an meine Tür, um sich diese oder jene Naht machen zu lassen. Mit kleinen Änderungen beginnend, baute ich mir im Laufe der Zeit eine bescheidene

Hausschneiderei auf, die mir nicht bloß ein kleines Einkommen, sondern auch Beschäftigung einbrachte.

Die Israelis sind ein ziemlich neugieriger Menschenschlag, und wo immer man hinging, kam man kaum einmal um das herum, was ich gern „das israelische Interview" nannte. Mitten in einem Linienbus sprachen einen wildfremde Leute an, begannen eine Unterhaltung und stellten einem Fragen, die man in den meisten Teilen der Welt für durchaus unhöflich gehalten hätte. Das fing an mit Fragen danach, woher man denn komme, und schritt dann unweigerlich voran zur Erkundung des Alters, Familienstandes – ach, man sei gar nicht verheiratet, warum denn wohl nicht? –, der Wohnadresse einschließlich der Miete, die man dort berappen müsse, des Geldes, das man pro Monat nach Hause bringe, und so fort.

Daß man aus Glauben leben könne, vermochte sich nicht einer meiner Gesprächspartner auch nur vorzustellen. Sagte ich, ich bete und Gott versorge mich mit allem, was ich nötig habe, so kam postwendend die Rückfrage: „Und wie kommen Sie dann an Ihr Geld? Das muß Ihnen doch irgend jemand geben!" Die Auskunft, ich besuche den *Ulpan*, um Ivrit zu lernen, stieß nur etwa sechs Monate lang auf Wohlgefallen – danach zogen die Leute die Augenbrauen hoch. Wie gut, daß ich jetzt eine Beschäftigung hatte: Ich war Näherin! Nicht, daß das irgendwen sonderlich beeindruckt hätte, aber es war immerhin eine passable Antwort auf die endlosen Fragen.

20
Ein doppeltes Maß

Sobald ich mich einigermaßen verständigen konnte, kam es für mich darauf an, eine andere Unterkunft ausfindig zu machen. Um aber einen regulären Mietvertrag unterschreiben zu können, bedurfte es zweierlei: der Klarheit, wo ich meine Zelte aufschlagen sollte, und eines stabileren Einkommens. Freunde hatten mir den Rat gegeben, mir eine Beschäftigung mit möglichst hohem sozialen Status zu suchen, weil das in der israelischen Gesellschaft meine Glaubwürdigkeit erhöhen würde. Je prestigeträchtiger meine berufliche Tätigkeit, um so zugkräftiger wäre mein Zeugnis.

Ich war im Besitz zweier Hochschulabschlüsse. Ich begann mich in der Kunstszene umzusehen, da ich ja aus meinen eigenen Künstlerzeiten einen Magistertitel in Kunst innehatte, bekam aber rasch mit, daß es in dieser Branche weitaus mehr qualifizierte Leute als berufliche Chancen gab. Also machte ich mich mit meiner anderen Qualifikation, einem Abschluß in Innenarchitektur von der hauswirtschaftlichen Fakultät der Cornell-Universität, auf Jobsuche. Ich bekam einen Termin bei einer Regierungsbeamtin, in deren Verantwortungsbereich die Verbesserung der Landfrauenausbildung in entlegenen Gegenden fiel. Was ich vorzuweisen hatte, gefiel ihr durchaus, bloß hatte sie bedauerlicherweise keine Planstelle zu vergeben.

Ein paar Tage später fand ich einen Zettel, auf dem stand, ich solle bei der Hebräischen Universität anrufen. Der Dekan der Hauswirtschaftlichen Hochschule bat mich zu einem Vorstellungsgespräch! An der Universität hatte man durch die Dame bei der Regierung von mir erfahren. Das Gespräch verlief ausgesprochen vorteilhaft, und man bot mir auf der Stelle einen Doktorandenposten an. Diese Position war natürlich davon abhängig, daß ich eine Dissertation anfertigte und die Promotion anstrebte. Über so etwas hatte ich noch nie ernsthaft nachgedacht, und so war, als der Dekan mich fragte, ob ich denn überhaupt promovieren wolle, mein einziger Gedanke der, daß das meiner Mutter bestimmt gut gefallen würde.

Ich wurde angestellt, um einen Kurs zu geben und am Doktorandenstudium teilzunehmen, das im Herbst beginnen sollte. Das Stipendium war recht kärglich: 130 Dollar pro Monat. Meine Seminare fanden in Rehovot statt, die Kurse dagegen, die ich zu geben hatte, in Jerusalem, was eine fünfzigminütige Autofahrt bedeutete.

Von diesem Zeitpunkt an begann mir „das israelische Interview" richtig Spaß zu machen. Auf die Frage, was ich denn so mache, beobachtete ich in den Mienen der Leute einen ganz neuen, schon ans Ehrfürchtige grenzenden Respekt, wenn ich antwortete: „Ich lehre an der Hebräischen Universität!" Dergleichen hatte ich auf meine bisherige Auskunft, Näherin zu sein, nie registriert!

Jetzt begriff ich auch, warum es mir so schwer gefallen war, mich für eine Wohnung in Tel Aviv zu entscheiden. Meine neuen Verhältnisse machten es erforderlich, entweder in Rehovot oder in Jerusalem zu wohnen. Außerdem würde ich ein Auto brauchen, da die wenigen Busverbindungen zwischen diesen beiden Städten die Wege enorm zeitaufwendig gemacht hätten.

Bereits vor Monaten hatte ich um 5000 Dollar zu beten begonnen, um mir ein kleines Auto zu kaufen, für das ich die beträchtlichen Steuervorteile würde in Anspruch nehmen können, die Neueinwanderern gewährt wurden. Die Busverbindungen waren damals dermaßen zeitfressend, daß man für eine Strecke, die mit dem Auto sechs Minuten beanspruchte, in diversen Bussen gut und gerne eine Dreiviertelstunde unterwegs war. Und 1976 waren die Linienbusse ungeachtet der brütenden Hitze des Nahen Ostens mitnichten klimatisiert. Wochenlang hatte ich gebetet und auch gefastet. Ich hatte zum Herrn gefleht. Schließlich erstand ich ein gebrauchtes Fahrrad, um überhaupt von der Stelle zu kommen. Zum Herrn sagte ich: „Ich habe alles getan, was in meiner Macht stand. Bitte tu du jetzt das Unmögliche und schenk mir das Geld!" Aber es kam kein Geld.

Als ich eines Tages wieder für dieses Anliegen betete, fragte ich den Herrn: „Was stimmt nicht?"

Klar und deutlich antwortete mir die innere Stimme: „Bitte mich nicht um 5000 Dollar, bitte mich um ein Auto!"

„Na schön, Herr, bitte gib mir ein Auto!"

Damit nicht genug: ich spürte, daß ich spezifisch beten

sollte. Also betete ich um einen VW, und zwar mit derselben Metallic-Lackierung wie bei dem, den ich auf Hawaii gehabt hatte.

Ich war mit einem älteren Ehepaar bekannt, das in geistlicher Leiterschaft stand und meinen Respekt genoß. Diese Leute suchte ich ein paar Tage später auf, um mit ihnen für meinen Job zu beten. Nachdem wir das getan hatten, hatten wir alle bei dem Gedanken an die neue Arbeitsstelle tiefen Frieden.

Der Mann sah auf und sagte: „Dafür wirst du aber ein Auto brauchen!"

„Ich weiß", sagte ich, „ich habe schon lange dafür gebetet, aber ich hab kein Geld."

Darauf er: „Hast du dir das Auto schon mal angeguckt, das seit über einem Jahr im Hof von Beit Immanuel herumsteht?" Beit Immanuel war eine der Gemeinden am Ort. „Das Mädchen", fuhr er fort, „das es dort stehengelassen hat, kommt nicht mehr wieder. Keiner kann das Auto kaufen, weil es unverzollt ins Land gekommen ist, aber dir steht doch eine Steuerermäßigung zu. Kein Problem für mich, dir die Schlüssel zu besorgen – dann kannst du's dir anschauen!"

Gleich am nächsten Tag ging ich hin, um mir das Auto anzusehen, und was fand ich da unter einem baufälligen Schuppendach? Den dreckigsten metallicfarbenen VW-Kombi, den ich je gesehen hatte! Bedeckt mit orientalischem Staub und Vogelschiß von eineinhalb Jahren, bot das Fahrzeug einen jämmerlichen Anblick. Die Reifen waren platt, und die Türgriffe hatten irgendwelche Banausen kaputtgemacht. Die Türen ließen sich weder mit Geld noch mit guten Worten öffnen, so daß man nur durch die Heckklappe ins Innere des Fahrzeugs gelangen konnte. Die Rücklichter waren geklaut worden, und das Auto brauchte dringend frischen Lack und eine neue Batterie. Aber es war ein Volkswagen, und metallicfarben war er auch! Ein Blick in den Motorraum verriet, daß die Vandalen hier nicht hingekommen waren.

Ich suchte einen Freund auf, der was von Autos verstand, und fragte ihn, wie aussichtsreich es sei, ein Fahrzeug, das so lange stillgestanden hatte, wieder zum Laufen zu bringen. Das war eine Herausforderung für ihn, und er bot mir seine Hilfe an.

Tags darauf brauchten wir weniger als eine Stunde, um den Motor in Gang zu setzen und ein wenig Luft in die Reifen zu bekommen. Wir fuhren zur nächsten Tankstelle, um den Reifendruck anzupassen, und der Tankwart konnte es sich nicht verkneifen zu fragen: „Wo habt ihr *den* Karren denn aufgetan?" Na ja, dreckig genug war das Gefährt ja durchaus. Ich erwiderte: „Ein Fall von Auferstehung aus den Toten!"

Der nächste Schritt waren Verhandlungen mit der Eigentümerin. Als sie begriff, was an dem Wagen alles zu tun war, schrieb sie mir großzügigerweise zurück, wenn ich ihn tatsächlich instandsetzen lassen wolle, würde sie ihn mir schenken und mir die Papiere übersenden. Meine Freunde strömten zusammen, und jeder von ihnen trug irgendwas zur Reparatur bei: Rücklichter, Lack, Batterie usw. Es dauerte nur ein paar kurze Wochen, und ich war stolze Besitzerin eines silberglänzenden, frisch lackierten VW Variant. Er war nicht neu, aber ich fand ihn so hübsch, daß ich es kaum glauben wollte. Ein paar Tage lang konnte ich nicht anders, als immer wieder ans Fenster zu treten und auf den Parkplatz hinunterzuschauen, um zu sehen, ob der Wagen auch ja noch an Ort und Stelle war und ich das alles keineswegs bloß träumte.

Als nächstes fing ich im Gebet die Frage zu bewegen an, wo ich mich niederlassen sollte. Obwohl ich mühelos an eine geräumige Einwandererwohnung in der Nähe Rehovots hätte herankommen können, spürte ich, daß ich meine Zelte in Jerusalem aufschlagen sollte. Auf der Wohnungsbehörde sagte mir die zuständige Sachbearbeiterin, daß Wohnungen in Jerusalem sehr schwer zu kriegen seien: Die Wartezeit betrage schon für eine Ein-Zimmer-Bleibe gut und gern zwei Jahre. Ungerührt bat ich sie, meinen Antrag dennoch entgegenzunehmen. Als sie nur zwölf Tage später den Bescheid bekam, daß mir eine Wohnung zugewiesen sei, konnte sie's kaum fassen.

In Gesellschaft einer jungen Frau, mit der ich mich in Jerusalem angefreundet hatte, fuhr ich hin, um die Wohnung in Augenschein zu nehmen. Während wir im Auto saßen und auf den Hausmeister warteten, der uns öffnen sollte, schlug sie ihre Bibel auf und las aus Psalm 84: „Auch der Vogel hat ein Haus gefunden und die Schwalbe ein Nest für sich ..." Mein Name, Zipporah, bedeutet auf hebräisch „Vogel". Voll Vorfreude stiegen wir die Treppen empor und blickten hinaus auf den winzigen Garten mit Terrasse. Als wir dann in den Räumen standen, wußte ich, obwohl die Wohnung klein und vollkommen leer war, daß dies der Ort war, den Gott für mich vorgesehen hatte.

Nun hatte ich also ein Zuhause, aber kein einziges Möbelstück. Und wieder tat der Herr ein paar Wunder der Versorgung, an denen ich seine Liebe und Gunst sehen durfte. Es dauerte nur ein paar kurze Wochen, in denen allerlei aus verschiedensten Quellen zusammenkam – dann war mein Apartment komplett ausstaffiert, einschließlich Kühlschrank, Heizofen, Waschmaschine und einigen, wenngleich eher antiken Möbelstücken. Als erstes lud ich meine ungläubige Kusine ein, eine meiner zwei Blutsverwandten im Verheißenen Land. Als sie meine Räume sah, rief sie beinahe neidvoll aus: „Hier sieht's ja aus, als hättest du deine Sachen von tausend Großmüttern abgestaubt!" Nun, Großmütter waren es nicht gewesen, dafür der eine liebende Vater im Himmel!

Als ich einige Zeit darauf in meinem „Silberschweif" von der Universität nach Hause fuhr – ein Weg, den ich inzwischen Dutzende von Malen zurückgelegt hatte, jedesmal das atemberaubende Jerusalemer Panorama bewundernd –, empfing ich eine Offenbarung der großen Treue Gottes. In Jesaja 61,7 hatte er uns ein doppeltes Erbteil für die Zeit unserer Rückkehr ins Land verheißen. Und hier war ich nun: Mit nichts ins Land gekommen, fuhr ich ein Auto, das zehn Jahre jünger war als das, welches ich zuletzt besessen hatte, wohnte in einem mit antiken Stücken möblierten Apartment und hatte einen angesehenen Beruf. Gott war wirklich gut zu mir gewesen.

21
Der Mann im Traum

Doch bei all dem Guten, das Gott an mir getan hatte, fehlte mir eines immer noch. Die israelische Gesellschaft ist sehr familienorientiert. Sabbate und sonstige Feiertage werden grundsätzlich im Kreise der Familie begangen. Und ich war, obwohl ich viele gute Freunde kennengelernt hatte, im Grunde immer noch allein. Ich sehnte mich nach einem Ehepartner. Seit ich nach Israel gekommen war, hatte ich, mal mit mehr, mal mit weniger Glauben, darum gebetet, daß Gott mir in mein Leben einen gottesfürchtigen Mann schenken möge. Klar war, daß aus der Masse der ungläubigen Schürzenjäger, die der Meinung waren, jede alleinstehende Frau sei Freiwild, niemand für mich in Frage kam. Ich sehnte mich nach einer geheiligten Beziehung mit Gott im Mittelpunkt, einer Beziehung, in der ich gemeinsam mit meinem Partner Gottes Willen für unser beider Leben würde suchen können. Mittlerweile lebte ich seit vier Jahren in Israel und war nahezu vierzig. Allmählich glaubte ich nicht mehr, daß ich einen solchen Gefährten überhaupt noch finden würde.

Als es mir einmal besonders schlecht ging, entschloß ich mich, zwecks Tapetenwechsel an den See von Netanya zu fahren, wo meine Freunde Ruth und Yatsuk ein kleines Haus samt weitläufigem Garten bewohnten. Sie hatten inzwischen drei Kinder, mit dem vierten ging Ruth schwanger.

Ich erzählte Ruth, daß ich deprimiert sei. Ich fing an zu jammern und zu klagen, wie sehr ich mich nach einem Ehepartner sehne und wie wenig brauchbare Männer es in der Szene gebe ... Und ich würde immer älter und so weiter und so fort. Sie ermutigte mich sehr. „Ich bin sicher, daß du einen Mann finden wirst", waren ihre Worte. „Seit über zwei Wochen habe ich genau dafür gebetet und die ganze Zeit in dieser Sache eine schwere Last empfunden. Immer wenn ich das Geschirr spülte oder die Wäsche aufhing, habe ich dafür gebetet. Und vor ein paar Tagen hatte ich sogar einen Traum: Ich sah dich auf einem großen Fest sitzen, und neben dir saß ein Mann, mit dem du offensichtlich verheiratet warst. Ich sah ihn so klar und deutlich, daß ich ihn jederzeit wiedererkennen würde. Selbst nachdem ich aufgewacht war, stand mir sein Gesicht immer noch vor Augen."

Verblüfft fragte ich: „Und welcher von den ledigen Männern war es?"

„Keiner von denen, die ich jemals hier im Verheißenen Land gesehen habe", antwortete sie. „Doch sollte ich ihm je begegnen, so würde ich ihn wiedererkennen!"

Es ist komisch, wie es uns ergehen kann, wenn wir gerade in einem tiefen Loch des Unglaubens stecken: Dann kann es sein, daß so eine unglaubliche Ermutigung unsere Herzen gar nicht erreicht und damit auch der neue Glaube, den Gott uns schenken möchte, in uns nicht Fuß faßt. Als Ruth sagte, daß der Mann, den sie gesehen hatte, ihr im Heiligen Land noch nie begegnet sei, perlte ihre Geschichte einfach an mir ab. Selbstverständlich müssen wir dergleichen immer prüfen. Ich aber fing aufs neue an zu beten, daß der Herr mich dem Mann begegnen lassen würde, den er für mich hatte – woher auch immer er kommen würde –, und daß er dafür sorgen möge, daß wir rasch zusammenkamen. Das war im März 1980.

Seinerzeit unterrichtete ich einen Tag pro Woche auf dem *Campus* der Hebräischen Universität in Rehovot. An diesen Tagen pflegte meine „Tante" wundervoll für mich zu kochen, genauso, wie meine Großmutter es getan haben würde: Hühnersuppe, gehackte Leber mit Gebäck und Apfelstrudel. Obwohl wir häufig über meinen Glauben sprachen und sie mich zu verstehen versuchte, sagte sie immer wieder, sie könne sich nicht vorstellen, daß es einen Gott gebe – wie sollte man sich denn sonst all die Schrecken erklären, die sie in den Konzentrationslagern hatte miterleben müssen?

Auf meinem Heimweg machte ich öfters einen Abstecher in einen benachbarten Ort, wo ich ein junges israelisches Paar kannte, das keine feste Gemeindezugehörigkeit pflegte. Ihr Leben war nicht einfach, und mir ging es darum, ihnen zum Segen zu sein, indem ich sie ermutigte und mit ihnen betete. Sie waren zwar geistlich vereinsamt, aber offen für den Herrn.

Eines sonnigen Nachmittags im Mai war es schon spät

geworden, als ich vor ihrem Haus parkte und mit dem Aufzug in den siebten Stock hinauffuhr, wo sie wohnten. Nachdem wir eine Weile in ihrer geräumigen, aber nur spärlich möblierten Wohnung zusammengesessen hatten, schlug der Mann vor, wir sollten die 35 Minuten nach Tel Aviv reinfahren, um einen Hausgottesdienst zu besuchen. Das war aus seinem Munde ein äußerst ungewöhnlicher Vorschlag, noch dazu nach einem harten Arbeitstag. Doch er bestand so unbeugsam darauf, daß wir uns schließlich in seinen kleinen Lieferwagen zwängten und uns in die Großstadt aufmachten. Dort angekommen, machten wir uns auf die Suche nach der Adresse, die er vermerkt hatte: König-David-Straße 22. Dort aber fanden wir nur ein abgedunkeltes Wohnhaus ohne irgendein Lebenszeichen. Ratlos setzten wir uns wieder ins Auto. Plötzlich sagte der Mann: „Hm, vielleicht war es ja ein anderer König? Es gibt ja so viele Straßen mit Königsnamen! Versuchen wir es doch mal in der König-Saul-Straße!" Schließlich standen wir vor einem hypermodernen Wohnblock, dessen Adresse König-Saul-Straße 22 lautete. Allerdings waren wir inzwischen viel zu spät dran. Der Gottesdienst mußte schon halb vorbei sein.

Zu unserer Verblüffung stellten wir jedoch fest, daß er gerade erst begann. Soweit wir hörten, hatten der Pastor und ein paar andere nahezu eine Stunde im Aufzug festgesteckt und waren erst Minuten zuvor freigekommen.

Als ich mich in dem großen Kreis der in dem geräumigen, eleganten Wohnzimmer eines ausländischen Botschaftsangestellten Versammelten umsah, entdeckte ich viele Leute, die ich aus meiner Tel Aviver Zeit kannte. Doch es gab auch einige neue Gesichter, darunter eines, das ich ganz besonders interessant fand. Mir direkt gegenüber saß ein gut aussehender Typ. Er schien in meinem Alter zu sein, und ein weiterer diskreter Blick meinerseits brachte an den Tag, daß er keinen Trauring trug.

Zentraler Punkt der Versammmlung war der wohl allererste Bibelarbeitsversuch eines jungen Mannes, der von psychologischen Herangehensweisen an christliche Lebensfragen nur so strotzte. Es nahm und nahm kein Ende. Ich wurde allmählich ungeduldig, und als er einmal eine kleine Sprechpause einlegte, fragte ich laut und deutlich dazwischen: „Würde es Ihnen was ausmachen, mir zu sagen, wo in alledem bitteschön die Kraft Gottes ist?"

Ohne daß ich es damals wußte, beeindruckte diese Zwischenfrage den Mann, der mir gegenübersaß. Er war erst seit vier Tagen im Land. Auch ihm gefiel nicht, was da vorgetragen wurde, aber er war der Meinung, noch zu unbekannt zu sein, um sich einmischen zu können. Als ich sprach, sagte er zu sich selbst: „Ein Glück! Endlich jemand, der den Mut hat, eine klare Meinung über dieses ganze Gesabbel hier zu äußern!"

Mein Zwischenruf löste vielen anderen Anwesenden ebenfalls die Zunge, und bald beteiligte sich auch der gutaussehende Typ mir gegenüber mit ein paar tiefgründigen, scharfsinnigen Bemerkungen am Gespräch. Das machte mir Eindruck. Nach der Versammlung wurden wir einander vorgestellt. Er hieß Ramon Bennett. Wir unterhielten uns eine Weile, und ich lud ihn zu mir zum Tee ein, sollte er je nach Jerusalem kommen. Zufällig liefen wir uns im Laufe des Sommers noch einmal über den Weg, wobei ich ihn erneut sehr anziehend fand. Doch zum Teetrinken in Jerusalem tauchte er kein einziges Mal auf, so daß ich diesen gutaussehenden Typen irgendwann aus meinem Gedächtnis strich.

Im Oktober, fünf Monate nach Ramons Ankunft im Land, fand in Israel die erste Konferenz für messianische Musik statt. Aus allen Landesteilen strömten Gläubige zusammen, um ihre neuen Lieder zu spielen. Ort der Konferenz war ausgerechnet die Gemeinde, in der Ramon in der Schulung ehrenamtlicher Mitarbeiter diente.

Ich hatte zwar noch nicht mit dem Komponieren begonnen, aber seit langem dafür gebetet, daß Gott neue, authentisch israelische Lobpreis- und Anbetungslieder schenken möge, die wirklich die israelische Seele ansprächen. Alles, was sich in diesem Bereich abspielte, interessierte mich. Deshalb nahm ich an der Konferenz teil.

Während wir aufs Essen warteten, kam Ramon auf mich zu, und wir begannen uns zu unterhalten. Wir konnten kein Ende finden und saßen auch beim Essen nebeneinander. Als die nächste Versammlung begann, betraten wir gemeinsam den Saal. Ramon ging dann zu dem Bereich hinüber, in dem aus dem Hebräischen ins Englische übersetzt wurde. Ich entdeckte meine Freunde aus Netanya, Ruth und Yatsuk, und setzte mich zu ihnen.

Ich hatte kaum Platz genommen, da beugte sich die

normalerweise sehr zurückhaltende Ruth quer über ihren zwischen uns sitzenden Mann zu mir herüber. Ihr Gesicht war krebsrot, und sie zitterte.

„Was ist das für ein Mann?" fragte sie.

Ich erzählte ihr, was ich von Ramon wußte: daß er aus Neuseeland gekommen sei und so.

Sie packte meine Hand und sagte: „Das ist er!"

„Wer – ‚er'?" fragte ich. „Wovon redest du überhaupt?"

„Das ist der Mann, den ich im Traum gesehen habe!"

„Was für ein Traum?" sagte ich.

„Hör auf damit", mischte sich ihr Mann ein, „du machst sie ja völlig verrückt!"

Doch sie ließ sich nicht beirren. „Du weißt doch, der Traum, von dem ich dir erzählte, als du vor ein paar Monaten bei uns zu Besuch warst! Erinnerst du dich denn nicht?"

Da dämmerten mir langsam ein paar Einzelheiten aus jenem Traum.

Sie fuhr fort: „Das ist er, das ist der Mann, den ich im Traum gesehen habe. *Das ist dein Mann!*"

„Schluß jetzt", sagte Yatsuk, „was ist, wenn du dich geirrt hast?"

„Ich bin mir ganz sicher", entgegnete sie. *„Das ist er!"*

In diesem Augenblick begann die Versammlung. Wir sahen uns an und sagten: „Besser, wir beten nach der Versammlung darüber!"

Während der ganzen Versammlung sah ich verstohlen zu Ramon hinüber und dachte bei mir: „Ob er das sein könnte?"

Nachdem die Versammlung vorüber war, standen Ruth, Yatsuk und ich zusammen und beteten miteinander. Wir fragten den Herrn, ob es wirklich so war, wie Ruth empfand, und wenn ja, was wir tun sollten. Alle drei hatten wir denselben Eindruck vom Herrn: kein Wort über dieses Thema zu irgend jemandem! Der Herr wird die Sache selber deichseln!

Als ich in jener Nacht auf meiner Bettstelle lag – ich teilte den Schlafraum mit fünf anderen Frauen, und es war nichts zu hören außer einem gelegentlichen Schnarchlaut –, konnte ich nicht schlafen. Ich betete die ganze Nacht hindurch. Mit aller Kraft wollte ich vermeiden, meine Zeit mit sinnlosen Wunschträumen zu vertun. Ich bat den Herrn, mir irgendeine Bestätigung zukommen zu lassen.

„Ach Herr", betete ich, „wenn das wirklich derjenige ist, dann laß uns bitte morgen früh zusammen frühstücken!"

Während es immer später wurde und ich weiter betete, hörte ich plötzlich einen durchdringend schrillen Ton. Kein Zweifel, was das war: Moskitos!

Nun fand ich erst recht keinen Schlaf, bis die Viecher sich beim ersten Tageslicht verzogen. Da erst döste ich ein. Nicht mal der Krach, den meine Zimmergenossinnen beim Aufstehen veranstalteten, vermochte mich zu wecken. Als ich endlich wach wurde, war die Zeit des Frühstücks längst vorbei, und ich mußte mich beeilen, um wenigstens noch zur ersten Morgenversammlung zurechtzukommen. Die Möglichkeit, daß mein nächtliches Gebet Erhörung finden könnte, hatte ich schlicht und ergreifend verschlafen!

Ich fing erneut an zu beten: „Ach Herr, wenn er wirklich der Richtige ist, dann laß uns bitte nach dem Mittag einen gemeinsamen Spaziergang machen!"

Nach dem Mittagessen sah ich durchs Fenster, wie Ramon das Grundstück verließ. „Na schön", dachte ich, „dann wird's damit also auch nichts!"

Am Nachmittag bat man mich, für Ramon zu übersetzen. So brachte ich anderthalb Stunden damit zu, mich zu ihm hinüberzubeugen und in sein Ohr zu flüstern. Als die Nachmittagspause kam, hatten wir den ganzen bisherigen Tag im Sitzen zugebracht. Mein Körper brauchte dringend Bewegung.

Vielleicht war es ja ein Versuch, dem Herrn ein wenig auf die Sprünge zu helfen – jedenfalls sagte ich zu Ramon: „Jetzt hätten wir ja Zeit für einen kleinen Spaziergang, um den Kreislauf in Gang zu bringen!"

Seine Antwort war: „Ich bin schon in der Mittagspause spazieren gegangen."

Bis heute weiß ich nicht, welche Kühnheit mich in diesem Moment überkam, daß ich den Satz über die Lippen brachte: „Soll das heißen, Sie sind spazieren gegangen und haben mich nicht mitgenommen?"

Ramon lächelte und sagte: „Hm, wie wär's also mit einem gemeinsamen Spaziergang?"

„Sofort!" sagte ich.

Just in diesem Augenblick bahnte sich quer durch das Meer freundlicher Gesichter ein Mitarbeiter seinen Weg auf uns zu. Er grinste Ramon an und sagte, jemand sei krank geworden: Ob er bitte am Büchertisch aushelfen könne? Man habe niemand anderen. Selbstverständlich sagte Ramon zu, und Essig war's mit meinem Spaziergang – und wohl auch mit meinem zweiten von Gott erbetenen Zeichen.

Als die nächste Versammlung zu Ende ging, fand ich es schon sehr angenehm, auf Tuchfühlung mit ihm zu sitzen. Kurz vorm Abendessen sagte er: „Ich schulde Ihnen ja noch einen Spaziergang – wie wär's damit nach dem Abendessen?"

Die überm Meer untergehende Sonne beschien die Fassaden der Häuser an der Uferpromenade, als wir die gepflasterten Steige des pittoresken Strandparks in der Altstadt von Jaffa entlangschlenderten. Wir unterhielten uns und fingen an, uns besser kennenzulernen. Als die Konferenz zu Ende war, gab ich Ramon meine Jerusalemer Telefonnummer und lud ihn ein, bei mir vorbeizukommen, sollte er je in der Gegend sein.

In jener Woche begann ich zu fasten und zu beten. Ich wollte um keinen Preis einen Fehler machen. „Herr", betete ich, „wenn das der Richtige für mich ist, dann mach bitte rasch und füge alles gut zusammen. Und wenn das Ganze nicht von dir ist, dann *laß mich ihn bitte nie mehr wiedersehen!*" Nach drei Tagen verspürte ich einen Durchbruch und wußte, daß meine Gebete im Himmel angekommen waren.

Ich wußte, daß Ramon am Sabbat frei hatte, und so saß ich den ganzen Freitagnachmittag und -abend am Telefon und hoffte, es würde schellen. Freitags sieht in Jerusalem jeder zu, beizeiten dorthin zu kommen, wo er hin will, weil sämtliche Geschäfte und Marktstände schon nachmittags schließen, die Busse den Verkehr einstellen und die Stadt zu Sabbatbeginn kurz vor Sonnenuntergang sehr still wird. Als es an jenem Freitagabend halb neun geworden war, gestand ich mir ein, daß es nun keinen Sinn mehr hatte zu warten, und ging zu ein paar Freunden zu Besuch.

Auch am Sabbatmorgen kommt das Leben in Israel nur gemächlich in Gang. Doch an diesem Sonnabend klingelte um acht Uhr, als ich noch tief und fest schlief, das Telefon.

„Hallo!" Es war Ramons Stimme. „Ich bin hier oben in Jerusalem. Was haben Sie denn heute so vor?"

Nun, an jenem Morgen kamen meine Lebensgeister in

beträchtlichem Tempo auf Touren. Ich schlug vor, wir sollten in einer Gemeinde in der Narkisstraße Bibelunterricht und Gottesdienst besuchen. Ich holte ihn mit meinem Auto ab, und wir verbrachten den ganzen Tag gemeinsam. Nach dem Gottesdienst streiften wir gemächlich in der Stadt herum. Auch am nächsten Tag hatte er frei, und wir besuchten einen besonderen Gottesdienst am Gartengrab, in dem Richard Wurmbrand sprach. Später kehrte Ramon zu seiner Arbeit nach Tel Aviv zurück.

Im Verlauf der nächsten Woche bekam ich heftige Probleme mit meinem Auto. Ich dachte mir, daß Ramon vielleicht was von Technik verstünde – jedenfalls war das ein guter Vorwand, ihn anzurufen. Es hatte mir wirklich Freude gemacht, mit ihm zusammenzusein. Hilfsbereit, wie er war, tauchte er jedenfalls am nächsten Wochenende wieder auf.

Für das darauffolgende Wochenende hatte er mich zu einem Seminar nach Tel Aviv eingeladen. Um ehrlich zu sein: das Seminar interessierte mich nicht die Bohne, und ich kann mich nicht einmal mehr an das Thema erinnern, um das es dort ging. Was ich noch sehr gut weiß, ist, daß wir, als endlich alle Seminar-Veranstaltungen vorüber waren, einen langen gemeinsamen Spaziergang durch unseren Park in der Altstadt von Jaffa machten.

Als wir in einer der anheimelnden grünen Nischen mit Blick aufs Meer saßen, erzählte mir Ramon vieles aus seinem Leben und sagte, er habe, sollte er je in die Lage zu kommen zu heiraten, vier Bedingungen an den Herrn: Als erstes erwarte er, daß die Frau, die er heiraten solle, den Herrn mehr liebhabe als ihn. Sodann müsse ihrer beider gemeinsamer Dienst mehr Frucht bringen, als es jeder von beiden für sich allein könne. Als drittes müsse es so sein, daß er diese Frau mehr liebe als jede andere Frau, die er je gekannt habe. Und schließlich müsse der Herr ihm in dieser Sache schon „kräftig eins über den Schädel" geben, denn er werde nicht aktiv nach einer Partnerin suchen. An diesem Punkt kam mir der Gedanke, nun könne aus der Sache vielleicht doch ein wenig mehr werden.

Wir kletterten vom Park zum Strand hinunter und kamen auf einem schmalen Sandstreifen zwischen einer Molenmauer und der Hafeneinfahrt an. Während wir völlig in unsere Unterhaltung vertieft waren, ging die Färbung des

Himmels von rötlichem Gold zu jenem herrlichen tiefen Blau mit einem kleinen Stich Rubinrot über, das im Nahen Osten den beginnenden Abend anzeigt.

Mittlerweile war es fast dunkel, und wir entschlossen uns zur Rückkehr dorthin, wo das Seminar stattgefunden hatte. Ich ging hinauf in das Zimmer, in dem Ramon sonst wohnte und das er mir großzügigerweise zur Verfügung gestellt hatte, während er selbst in einem Massenlager schlief.

Als ich die Schuhe auszog, bemerkte ich einen üblen Geruch. Zu meinem Schrecken mußte ich feststellen, daß ich offenbar in einen Abwasserkanal getreten war. Ich ging zum Waschbecken und kratzte und schrubbte tonnenweise, wie es mir schien, stinkenden Dreck von meinen Sohlen ab. Ich hoffte nur, daß der Gestank nicht Ramon in die Nase gestiegen war.

Als wir ein paar Monate später über diesen Abend sprachen, konnten wir beide herzhaft lachen. Auch seine Schuhe waren völlig verdreckt gewesen. Ohne daß einer von uns es bemerkt hatte, hatte sich unser romantischer Strandspaziergang auf einem Stück Küste abgespielt, wo die Brandung Klärschlamm auf den Strand zurückgeworfen hatte. Wir beide hatten nur Augen und Ohren füreinander gehabt, so daß uns völlig entgangen war, auf was für einem Untergrund wir uns bewegten. Jeder von uns hatte in der stillen Hoffnung seine Schuhe geputzt, wenigstens möge der andere nicht in etwas hineingetreten sein.

Ramon vertraute mir auch an, daß er in seiner Arbeit in Geldnöten steckte: Weil zugesagte Mittel sich verspäteten, hatten alle Mitarbeiter des Programms, das er leitete, entlassen werden müssen. Er sagte, er habe den Eindruck, der Herr wolle ihn droben in Jerusalem haben. Doch zuerst werde er sein kleines Zelt auf dem Karmelberg aufschlagen, um betend und fastend Gottes Führung zu suchen, da ihm überhaupt nicht klar war, was er denn in Jerusalem anfangen solle.

Ich nahm einiges von seinen Sachen in meinem Auto mit und sorgte dafür, daß er bei einem alleinstehenden Bruder wohnen konnte, der in meinem Nachbarhaus eine geräumige Wohnung hatte. Ich sagte zu, ihn nach seiner Fastenzeit am Omnibusbahnhof abzuholen und zu dem Bruder zu bringen.

Danach ging ich nach Hause und begann meinerseits ein

fünftägiges Fasten. Ich betete und flehte zum Herrn, er möge Ramon etwas über unsere Beziehung sagen. Ich betete sogar in Ramons Worten...

Ich sagte: „Herr, tu, was immer du tun mußt; zieh ihm kräftig eins über den Schädel – wenn es sein muß, mit einem dicken Ast vom nächsten Baum oder meinetwegen auch einem Dachbalken! *Tu es*... aber bitte laß es ihm nicht zu sehr wehtun!"

Als die Woche zu Ende ging, traf ich ihn im Menschengeschiebe des Omnibusbahnhofs. Als wir im Auto saßen, schlug ich vor, wir sollten einen kleinen Umweg machen und die Westmauer aufsuchen, quasi um ihn in Jerusalem willkommen zu heißen.

Ich erzählte ihm, wie eine Freundin mich selbst an dem Tag, als ich nach Jerusalem kam, zu den alten Steinen der Tempelmauer mitgenommen hatte, um mich willkommen zu heißen. Mir war es nicht bewußt gewesen, daß gerade Jerusalemtag war – jedenfalls waren in dem weiten Geviert an der Klagemauer Tausende von Menschen ins Gebet versunken gewesen. Es war schon Mitte Mai, ein staubiger, heißer Tag lange nach dem Ende der Regenzeit. Der nächste Regen war frühestens für Ende Oktober zu erwarten.

An jenem Jerusalemtag aber, als all die Menschen an der Klagemauer standen, riß plötzlich der Himmel auf, und es begann zu gießen. Die Menschen stoben auseinander, um sich unterzustellen. Dann erschien ebenso unvermittelt ein riesiger Regenbogen in den Himmeln über uns. Er reichte vom Tempelberg bis zum Ölberg. Es war wie ein besonderes Zeichen für mich gewesen, mit dem der Herr mich in Jerusalem willkommen geheißen hatte. Ich wünschte mir, daß Ramons Willkommensgruß ebenso einmalig ausfiel.

Als wir auf dem Weg zur Klagemauer hinauf das Misttor passierten, fragte ich Ramon, was der Herr zu ihm gesagt habe, während er droben auf dem Karmel fastete und betete. Während wir auf die Westmauer zugingen, drehte er sich mir zu, sah mir gerade in die Augen und sagte: „Der Herr hat mir eins über den Schädel gezogen!"

Er erzählte, daß er, allein in seinem kleinen Zelt, abends vorm Einschlafen die Bibel gelesen habe. Morgens habe er sie dann gleich wieder hervorgeholt. Und jedesmal, wenn er seine Bibel aufgeschlagen habe, sei er auf ein und dieselbe Stelle gestoßen, nämlich Exodus 2,21. Dort steht: „Und er [Jitro] gab Mose seine Tochter Zippora zur Frau."

Ramon sagte, er wisse nicht, wie viele Male er auf diese Stelle gestoßen sei, aber jedenfalls oft genug, um den Herrn zu fragen, ob er ihm vielleicht irgend etwas über diese Frau namens Zipporah sagen wolle, die ihm da über den Weg gelaufen sei. Je mehr er darüber betete, um so überzeugter war er, daß es Gottes Wille für uns beide sei zu heiraten.

Wir verbrachten einige Zeit im Gebet an der Klagemauer, aber erst als wir vor meiner Wohnung noch im Auto saßen, die Straße entlangschauten und am Horizont die welligen Hügel der Judäischen Wüste vor uns sahen, brachte ich es fertig, ihm von Ruths Traum zu erzählen. Dieser gilt uns bis heute als Siegel des Wohlgefallens Gottes an unserer Ehe. Das war besonders hilfreich, als wir uns später näher kennenlernten und zwei unabhängige, gereifte Individuen, beide daran gewöhnt, ihr eigenes Leben zu führen, irgendwie eins wurden.

Einige Monate später ließen wir uns trauen. Geld hatten wir nur sehr wenig, aber glücklich waren wir. Mein Hochzeitskleid nähte ich mir selbst aus einigen uralten Spitzenvorhängen, die ich bei einem Gemeindeflohmarkt aufgetrieben hatte. Ramons Sachen stammten aus einem Altkleiderpaket aus Deutschland.

Die Trauung fand in einem alten Pavillon statt. Ramon und seine Helfer waren kaum damit fertig geworden, ihn mit Oleanderblüten zu schmücken, die sie von den Hecken in der Nähe des Gemeindehauses abgeschnitten hatten, als schon die ersten Gäste kamen. Wir hatten die feinste Arme-Leute-Hochzeit, die es je gegeben hat! Die Trauung wurde zu einer großen Versammlung der „Stämme", hatten wir doch unsere Bekannten aus messianischen Gemeinden in ganz Israel eingeladen.

Ramon und ich hatten, ausgehend vom Buch Ruth, unsere eigenen Ehegelübde verfaßt. Das war unter den israelischen Gläubigen ein Novum. An den Abschluß der Trauung stellten wir ein Konzert mit Lobpreisleitern aus ganz Israel.

Für eine Hochzeitsreise hatten wir kein Geld; wir planten nichts anderes, als in meine, nunmehr unsere Wohnung zurückzugehen. Aber die ganze Gemeinde von

Netanya hatte zusammengelegt und uns für fünf Tage ein kleines Ferienhaus am Strand gemietet.

Meine Angehörigen wollten Ramon kennenlernen und schickten uns Flugkarten nach Amerika. Diese Reise traten wir alsbald an. Nachdem Ramon zuvor alles verkauft und zurückgelassen hatte, um im Glauben zu leben und im vollzeitigen Dienst zu stehen, empfand er, daß er es in Israel anders halten sollte. Er hatte den Eindruck, mit seinen Händen arbeiten zu sollen. Von dem Geld, das wir zur Hochzeit geschenkt bekommen hatten, schaffte er einige Werkzeuge an, um daheim in Israel ein kleines Handwerksgeschäft aufziehen zu können. Davon würden wir leben können, und zugleich würde er Menschen und Kultur besser kennenlernen.

Mein Auto hatte während der Hochzeitsvorbereitungen den Geist aufgegeben, so daß er samt Werkzeug mit dem Bus fahren mußte, um irgendwelche Jobs auszuführen. Manchmal ging er sogar zu Fuß: Lange Leitern, Balken und Sägeböcke auf den Schultern, bahnte er sich seinen Weg durch die Menschenknäuel in den Straßen der Jerusalemer Innenstadt, um seine Aufträge zu erledigen. Doch nach einer Zeitlang hatten wir genug Geld beisammen, um uns wieder ein Auto zu kaufen. In meinem winzigen Ein-Zimmer-Apartment blieben wir allerdings vier Jahre wohnen.

Das waren unsere kärglichen Anfänge, doch der Herr gab Zuwachs, und binnen weniger Jahre hatte sich Ramon als Zimmermann einen exklusiven Kundenstamm aufgebaut und betrieb die größte Einzelinhaber-Werkstatt in ganz Jerusalem. Obwohl er mehrere Mitarbeiter beschäftigte, konnte er nicht alle Aufträge annehmen. Bald hatte er eine monate-, wenn nicht jahrelange Warteliste.

22
Diese Sache ist von mir!

Wir bauten unsere kleine Wohnung so um, daß wir zwei Zimmer hatten, wobei Ramon alle Holzarbeiten selber machte. Mit unseren zwei Zimmern kamen wir uns vor wie im Himmel! Es gab nur eines, worüber wir nicht glücklich waren. Wir hatten uns sehr darum bemüht, die angrenzende Wohnung zusätzlich zu kaufen, um aus den zwei Apartments ein einziges machen zu können. Doch statt dessen zog dort ein argentinischer Einwanderer in mittleren Jahren ein, dem ein anderer Nachbar alsbald den Spitznamen „General Diaz" verpaßte. Es dauerte nicht lange, da wohnte eine noch in Scheidung von ihrem Mann lebende Freundin mit ihm zusammen. Die beiden zeigten keinerlei Neigungen zu heiraten, und wir litten unter dieser sündhaften Beziehung in unserem unmittelbaren Umfeld. Wir beteten für das Paar und baten Gott, die beiden entweder zu verändern oder sie aus unserer Nähe wegzuführen.

Unsere Hoffnung war, daß Gott sie verändern würde. Nachdem wir renoviert hatten, luden wir sie zum Kaffee ein, und die Frau verguckte sich total in unsere Wohnung. Sie hatte, nachdem sie inzwischen geschieden war, ihre staatliche Niederlassungsbeihilfe in Aussicht. Davon wußten wir freilich nichts. Bald jedoch fingen die beiden an, wann immer sie uns sahen, zu fragen, ob wir unsere Wohnung nicht verkaufen würden. Das wollten wir selbstverständlich nicht. Schließlich waren wir gerade mit dem Renovieren fertig, und alles war so, wie wir es haben wollten.

So ging es über Monate. Endlich, als wir eines Tages nach Hause kamen, sahen wir „General Diaz" auf seinem Stückchen Garten inmitten der Rosmarin-Büsche stehen. Mit *Smoking* und Ascot-Krawatte ausstaffiert, bewunderte er offenbar die Aussicht auf die umliegenden Hügel.

„Was machen wir bloß?" fragte ich Ramon. „Gleich wird er uns wieder fragen, ob wir ihm nicht die Wohnung verkaufen wollen." Wir blieben noch im Auto sitzen und sprachen darüber. Da kam mir eine Idee. Ich sagte, die einzige Möglichkeit, diese Fragerei ein- für allemal abzustellen, bestehe darin, den beiden einen so hohen Preis zu nennen, daß sie die Sache aufsteckten. Also entschieden wir uns für eine Preisforderung, die fast das Doppelte eines guten Markterlöses für unser Apartment betrug. Dazu muß man wissen, daß die realen Immobilienpreise damals gerade tief im Keller waren.

Es kam wie erwartet: Kaum waren wir aus dem Auto und stiegen die paar Stufen zum Hauseingang empor, da fragte er uns, ob wir nicht doch verkaufen wollten.

Diesmal sagten wir ja und nannten ihm den total überzogenen Preis, auf den wir uns geeinigt hatten. Er schluckte nur, brummelte irgendwas in seinen Bart und wandte sich ab. Wir dachten schon, unser kleiner Trick habe funktioniert.

Etwa eine Woche später kamen die beiden und machten uns ein Angebot, das ein wenig über dem aktuellen Marktwert lag. Wieder einige Tage später erhöhten sie um ein paar tausend Dollar. Und so ging es immer weiter.

Eines Nachts konnte Ramon nicht schlafen und verbrachte einige Zeit im Gebet. Eines der Anliegen, die er vor den Herrn brachte, war die Sache mit der Wohnung. Er empfing vom Herrn den deutlichen Eindruck, daß wir das Apartment tatsächlich verkaufen sollten, und zwar zu einem Preis, der nur 2000 Dollar unter der astronomischen Forderung lag, die wir den Nachbarn gestellt hatten. Und nicht nur das: er fühlte, daß *ebendiese Nachbarn am Morgen zu uns kommen würden*.

Ein paar Stunden darauf, um zehn Uhr vormittags, klopfte es an der Tür, und die Nachbarin stand auf der Matte. Sie trat ein und sagte uns, wir sollten es ihrem Freund nicht erzählen, aber sie habe sich entschlossen, uns einen Kaufpreis anzubieten, der 3000 Dollar unter unserer ursprünglichen Forderung lag. Was wir dazu sagen würden? Es war der Vortag des Sabbat, und wir sagten ihr, sie solle nach dem Sabbat wiederkommen, dann würden wir darüber reden.

Nun hing ich sehr an der Wohnung und wußte, daß Gott mich wirklich davon überzeugen mußte, daß er es so wollte. Die Offenbarung, die Ramon empfangen hatte, reichte mir dafür nicht aus. Die Wohnung war auf mich eingetragen. Ich mußte den Verkaufsvertrag unterschreiben, also mußte ich mir der Sache sicher sein. Auch im Blick auf die Zukunft war mir diese Gewißheit wichtig: Sollte mir die Entscheidung je leid tun, so mußte ich wissen, daß der Herr auch zu mir geredet hatte.

Den größten Teil des Sabbats verbrachte ich im Gebet. Ich ging auf die Knie und wandte jedes Mittel an, das ich kannte, um Klarheit von Gott zu bekommen. Doch ich blieb ohne Antwort.

Schließlich machte ich mich frustriert an den Abwasch, der sich in der Spüle türmte. Und plötzlich, während ich das Geschirr spülte, kam mir eine bestimmte Bibelstelle in den Sinn, 1. Könige 12,24. Ich trocknete mir die Hände ab und schlug den Text nach.

Die Geschichte, um die es da ging, erschien mir für den Augenblick belanglos. Aber zwei Wendungen in dem betreffenden Vers sprangen mir ins Auge: *„So spricht der HERR"* und *„Denn von mir ist diese Sache ausgegangen"*.

Damit hatte ich meine Bestätigung. Die Nachbarn akzeptierten den Preis, den Ramon vom Herrn gehört hatte, und gleich am nächsten Morgen unterschrieben wir den Vertrag. Wir sagten zu, in drei Monaten auszuziehen, und fingen an, uns nach etwas anderem umzusehen.

Während unserer Wohnungssuche war ich total froh, solch klare Führung vom Herrn empfangen zu haben, denn wir fanden nichts, das wir mit unserem Geld und dem Kredit, den wir von der Bank bekommen würden, hätten kaufen können. So ging es wochenlang, bis wir schließlich vor den Herrn kamen und sagten: „Was machen wir verkehrt?" Wir glaubten doch daran, daß es sein Wille gewesen war, daß wir verkauften – wieso fanden wir dann nichts anderes?

Der Herr gab uns beiden den Eindruck, daß wir aus falschen Gründen eine neue Wohnung suchten. Uns ging es nur darum, unsere eigene Lage zu verbessern. Während wir beteten, wurde uns groß, daß wir mehr nach Gottes Gründen, uns woanders hinzuführen, suchen sollten.

Seit Monaten hatte uns der Gedanke bewegt, daß es für örtliche israelische Gläubige eine Möglichkeit geben sollte, sich außerhalb der formellen Gemeindezusammenhänge zu treffen. Das erschien uns wichtig, um die Einheit des Leibes Jesu zu stärken. Damals kannten wir nur zwei Familien, deren Wohnräume groß genug waren, um eine

Versammlung von mehr als acht bis zehn Teilnehmern aufzunehmen, und diese Familien wohnten alle beide ziemlich entlegen. Uns wurde klar, daß wir uns nach einer Wohnung mit großem Wohnzimmer in zentraler Lage umsehen sollten, so daß die Leute von wo auch immer leicht mit öffentlichen Verkehrsmitteln dorthin gelangen konnten. Ferner mußte die Umgebung so beschaffen sein, daß man dort Gottesdienst feiern konnte, ohne daß Nachbarn einem wegen Lärmbelästigung Steine in die Fenster werfen würden. Es durfte in der Umgebung auch keinen Verdacht erregen, wenn ständig viele Leute in der Wohnung ein- und ausgingen. Außerdem brauchten wir ein Gästezimmer, und obendrein sollte Ramon auch ein eigenes Arbeitszimmer bekommen. Für uns selbst hatten wir den Wunsch, im obersten Geschoß zu leben, so daß uns niemand auf den Köpfen herumtrampeln konnte. Schließlich wünschten wir uns einen Balkon, der groß genug war, um darauf zu essen.

Damit hatten wir differenzierte Vorstellungen entwickelt und konnten gezielt suchen. Es dauerte nur ein paar Tage, da hatte ich mitten im Stadtzentrum ein Apartment entdeckt. Allein, im Erdgeschoß des Hauses lagen die Pizza- und *Falafel*-Imbißstuben Tür an Tür, so daß diese Wohnung für uns, wie ich zunächst meinte, absolut nicht in Betracht kam. Sie wies indessen alles auf, was wir wollten: einen riesigen Wohnraum und auch sonst alle von uns erwünschten räumlichen Möglichkeiten. Und es gab nicht bloß einen Balkon, sondern deren zwei! Der vordere, der zwischen die eleganten Säulen gesetzt war, die die Fassade trugen, wies an seiner Brüstung Einschußlöcher auf, die an frühere bewaffnete Konflikte erinnerten. Der rückwärtige Balkon war so groß wie unsere ganze alte Wohnung! Die Fußböden waren sogar mit Mosaiken belegt, deren Motive von Raum zu Raum wechselten. Die Wohnung hatte seit über drei Jahren zum Verkauf gestanden, und der Preis war immer tiefer in den Keller gesackt.

Die Eigentümer waren extrem primitive Leute, mit denen schwer zu verhandeln war. Die Dame des Hauses pflegte ihren Willen mit hysterischem Kreischen geltend zu machen. Wir wandten alle Geduld auf, derer wir mächtig waren. Am Vorabend der geplanten Vertragsunterzeichnung schrie sie mich zwanzig Minuten lang am Telefon an. Es ging um eine kaputte Kloschüssel, deren

Reparatur eindeutig Verkäufersache war. Sie zeterte und zeterte, bis mir am Ende nichts anderes übrigblieb, als einfach aufzulegen. Am nächsten Morgen erschienen die Herrschaften nicht zur Vertragsunterzeichnung, sondern ließen durch ihren Notar ausrichten, die Wohnung stehe nicht länger zum Verkauf. Wir waren alle beide am Boden zerstört, weil wir uns sicher gewesen waren, das Richtige gefunden zu haben.

In jener Nacht fand ich keinen Schlaf, sondern ging ins Wohnzimmer, um zu beten. Ich empfing etwas, das ich nur als Vision bezeichnen kann: Ich sah jenes Gebäude aus gewisser Entfernung und in einem ungewöhnlichen, nach oben gerichteten Blickwinkel. Überm Dach stand eine große dunkle Wolke. Dann änderte sich die Szenerie, und ich sah mich selbst, wie ich, biblisch gekleidet, im Wohnzimmer der neuen Bleibe tanzte.

Ich bat den Herrn um nähere Erkenntnis. Er zeigte mir, daß es eine Finsternismacht gab, die das Haus in Beschlag genommen hatte, und zwar durch die Frau, die unsere Wohnung innehatte. Dieser Finsternisgeist wollte das Terrain natürlich nicht preisgeben. Er wußte, daß er im Falle unseres Einzuges zu weichen hatte, weil mit uns das Reich Gottes sich dort ausbreiten würde. Damit waren die bisherigen Geschehnisse erklärlich.

Mithin wußte ich, daß wir nur auf einem Wege in den Besitz dieser Wohnung gelangen konnten: indem wir in geistlicher Kriegführung die darauf liegenden Anrechte der Finsternis annullierten. Ich begann in diese Richtung zu beten, fühlte aber, daß es sich hier um einen Krieg handelte, an dem sich mehr Kämpfer beteiligen mußten. Endlich ging ich schlafen.

Am nächsten Morgen war ich unterwegs, um eine weitere Wohnung im Innenstadtbereich zu besichtigen. Mein Auto stellte ich auf unserem zentral gelegenen Gemeindegrundstück ab. Da mir noch ein bißchen Zeit übrigblieb, ging ich ins Gemeindehaus, wo ich auf drei mir bekannte ausländische Besucher traf, allesamt Leiter großer geistlicher Bewegungen in Übersee. Wenn das nur nicht der Herr so gefügt hat! sagte ich mir selbst. Ich fragte die Brüder, ob sie ein paar Minuten für mich erübrigen könnten, und sie bejahten. Ich erzählte ihnen von der Situation und meiner Vision, und wir stiegen kraftvoll in die

Fürbitte ein. Gemeinsam banden wir im Gebet den kreischenden Hexengeist, der sich durch die Frau geäußert hatte, und unterstellten das Haus der Herrschaft Gottes.

Dann ging ich meiner Wege, um die andere in Aussicht genommene Wohnung zu besichtigen, machte noch ein paar Einkäufe für den Sabbat und fuhr nach Hause. Zehn Minuten nachdem ich die Tür hinter mir zugemacht hatte, klingelte das Telefon. Es war der Ehemann der besessenen Dame. Er sagte, sie hätten es sich überlegt und würden nun doch unterschreiben, vorausgesetzt, *wir* brächten die kaputte Kloschüssel in Ordnung. Da wir wußten, daß die Wohnung für uns bestimmt war, willigten wir ein.

Es war herrlich zu sehen, wie rasch der Herr eingegriffen und uns den Ort freigeräumt hatte, der uns zugedacht war. Doch bald traf uns der nächste Schock. Wir hatten einen Kaufvertrag über dieselbe Summe unterschrieben, die wir für unsere kleine Wohnung zu bekommen hatten, zuzüglich der 11 000 Dollar, die Ramon als Neueinwanderer-Hypothek zustanden. Als wir mit unserem Kaufvertrag die für die Auszahlung der Hypothek zuständige Behörde aufsuchten, erhielten wir den Bescheid, daß wir nichts bekommen würden, weil die Wohnung für uns beide allein zu groß sei: Es waren drei Quadratmeter mehr, als die Bestimmungen zuließen! Nun mögen in der heutigen Zeit 11 000 Dollar nicht viel sein, aber wenn man sie nicht hat, könnten es genausogut elf Millionen sein. Und wir hatten bereits den Vertrag unterschrieben!

Wir waren ratlos, aber als wir in unserem Freundeskreis herumfragten, wurden uns ein paar kurzfristige Darlehen angeboten. Die Leute vertrauten dem Herrn, daß er es uns ermöglichen würde, das Geld binnen eines Jahres zurückzuzahlen. Schließlich lief Ramons Geschäft nicht schlecht.

Und so kam es! Binnen eines Jahres waren wir schuldenfrei. Und nicht nur das: da die Regierungsdarlehen an ausländische Währungen mit ihren Kursschwankungen geknüpft waren, hatte die Schuldenlast all derer, die solche Gelder aufgenommen hatten, sich in dieser Zeit erheblich vermehrt statt vermindert. Einem unserer Freunde erging es so, daß er jetzt weitaus mehr Geld schuldete, als er sich geliehen hatte, und das nach jahrelangem Abzahlen! Um diese Umstände wußte der Herr auch, und er benutzte drei Quadratmeter, um uns davor zu schützen.

23
Singt ein neues Lied

Ramon und ich gehörten der lebendigsten Gemeinde an, die es in jener Zeit in Jerusalem gab. Es war dieselbe Gemeinde, in der wir auch geheiratet hatten. Ich hatte nach wie vor Schwierigkeiten mit dem Hauptgottesdienst, weil er zu sehr auf die vielen Ausländer ausgerichtet war, die in Jerusalem lebten, und wir dort Lieder sangen, die einfach nicht in den Nahen Osten gehörten. Oft hielt ich es kaum aus und verfiel während der Lobpreiszeit in tiefes Seufzen. Ramon verstand meinen Frust.

Schließlich kam der Tag, an dem er sich mitten im Gottesdienst zu mir herüberbeugte und mir ins Ohr flüsterte: „Wenn dir das hier soviel Probleme bereitet, warum änderst du dann nichts daran? Du spielst doch Gitarre, also schnapp dir ein paar von deinen israelischen Freunden und macht zusammen Lobpreis, wie ihr es für richtig haltet!"

Noch in derselben Woche besprach ich diese Frage mit zweien meiner engsten gläubigen Freundinnen in Israel. Wir nahmen uns vor, einmal wöchentlich zusammenzukommen und eine Lobpreiszeit zu halten, in der wir nur hebräische Lieder singen würden. Es sollte sich herausstellen, daß eine der beiden keinen einzigen Ton heraushören, geschweige denn halten konnte – aber was machte es? Hebräische Lobpreislieder zu singen, das war für uns das Leben!

Im Laufe der Zeit kamen mehr und mehr Leute hinzu, bis wir eine ansehnliche Schar geworden waren. Das einzige Problem war, daß es uns bald nicht bloß an Platz im Wohnzimmer gebrach – wir waren noch nicht umgezogen –, sondern auch an Liedgut. Es kam uns vor, als hätten wir nicht genug Vokabeln zur Verfügung, und jedenfalls fehlten uns Lieder, um das auszudrücken, was der Herr uns ins Herz legte. Wir schrieben das Jahr 1981, und es gab nicht annähernd die Fülle an hebräischer Lobpreismusik, über die wir heute verfügen.

Ich begann persönlich zu beten, daß der Herr mehr neue

Lieder schenken möge. Mein Verständnis von Lobpreis geht dahin, daß zum einen wir Gott das zum Ausdruck bringen müssen, was in unseren Herzen ist, zum anderen aber Gott uns braucht, um gegenüber allen Fürstentümern und Gewalten wie auch vor den Menschen seine Macht auszurufen. Was als nächstes passierte, ist ein Beispiel dafür, wie wir mitunter dafür offen sein müssen, selbst die Antwort auf unsere eigenen Gebete zu sein.

In meiner regelmäßigen Bibellese sprangen mir immer wieder Bibelworte ins Auge, die regelrecht danach schrien, vertont zu werden. Wenn ich über diese Verse meditierte, kamen mir zu dem einen oder anderen von ihnen Melodien in den Sinn, die ich mir dann selber sang, ohne zu wissen, daß es der Heilige Geist war, der sie in mir geboren hatte, indem er die tiefen Brunnen anzapfte, die von meinem Aufwachsen mit jüdischer Musik her in mir verborgen waren. Da mischten sich chassidische Melodien meiner Kindheit mit den liturgischen Gesängen der Synagoge. Und diese Lieder waren nicht nur zu meiner eigenen Auferbauung da. Ich scheute mich allerdings enorm, sie weiterzugeben. Ich hielt meine Singstimme für ziemlich gewöhnlich; meine Stimmlage war ein hoher Tenor, was um so frustrierender war, als ich ausschließlich in einer Tonart gut singen konnte, die für die meisten Menschen eine Idee zu tief lag. Mit diesem Problem schlage ich mich bis heute herum, wenn ich in der Öffentlichkeit singen muß.

Unsere kleine Gesangsgruppe hatte eine Einladung bekommen, in einem Jerusalemer Heim für blinde und geistig behinderte Kinder aufzutreten. Wir wußten, wenn wir diese Kinder erreichen wollten, mußten wir schlichte Lieder singen. Gerade ein paar Tage zuvor hatte ich die Inspiration eines Liedes empfangen, dessen Text aus einem einzigen Bibelvers bestand. Dieser Chorus war mir viel zu einfach vorgekommen, um sonderlich brauchbar zu sein. Doch im Laufe unserer Vorbereitungen auf den Nachmittag im Kinderheim spürte ich, daß ich gerade dieses neue Lied für die Kinder singen sollte. Der Eindruck wurde so stark, daß ich mich schließlich nicht mehr zurückhalten konnte. Ich sang das Lied zunächst in der Gruppe und stellte erstaunt fest, daß es allen gefiel. Es stammte aus Psalm 37,5 (*„Gol el Adonai"*).

Tags darauf sangen wir es für die Kinder. Es fiel uns schwer, aus jenem Nachmittag etwas zu machen. Die Kleinen waren zwar sauber und versorgt, aber viele von ihnen wanden sich oder schlugen sich in einem Fort selbst. Das neue Lied brachte den Durchbruch: Sie wurden aufmerksam und stimmten sogar mit ein! Heute ist dieses Lied bei Kindern und Erwachsenen sowohl in ganz Israel als auch im Ausland sehr populär und hat sogar Übersetzungen in mehrere Sprachen erfahren.

Im Laufe der Zeit kamen mir immer mehr neue Lieder, und es wurde offensichtlich, daß das, was ich selbst von diesen Liedern hielt, und das, was sie bei anderen auslösten, meistens voneinander abwich.

Das war nicht viel anders als meine Erfahrungen aus der Kunstszene, wo es mir auch so ergangen war, daß ich meine eigenen Werke meist geringschätzte und jedenfalls nie für gut genug hielt. Allerdings gab es einen wesentlichen Unterschied zu dem, was ich jetzt machte: Jetzt versuchte ich nicht mehr meine eigene Botschaft rüberzubringen, sondern die, die Gott mir gab. Es ging nicht mehr darum, was *ich* durch *meine* Kunst auszudrücken versuchte, sondern um Klarheit darüber, was *Gott* uns aufs Herz legen wollte, damit wir es entweder hier auf Erden ausriefen oder wiederum ihm zusangen und so seinem Namen Ehre gaben.

Die Begeisterung, die es auslöst, wenn ein neues Lied zur Welt kommt, ist nicht in Worte zu fassen. Das ist eine ganz eigene Erfüllung. Mir fällt es schon schwer, auch nur ein Wort für diesen Vorgang zu finden. Es scheint mir, als würden die Lieder einfach „kommen", nachdem sie mir tief ins Innere gelegt worden sind. Ich denke an eine Zeit, als wir in intensiver geistlicher Kriegführung standen, aber nicht genug Lieder hatten, die den Wunsch „Steh auf, o Herr!" zum Ausdruck brachten. Ich schlug die Konkordanz auf und sah jede Bibelstelle nach, in der dies vorkommt. Aus diesem Schriftstudium und der Meditation der Verse, die ich entdeckte, ergaben sich viele Lieder, darunter das bekannte „*Kuma Adonai*".

Wenn ich davon höre, daß meine Lieder anderen dazu verholfen haben, im Lobpreis Gott näher zu kommen, und daß Gemeinden in aller Welt sie singen, dann kann ich nur staunen über den Segen, den es für mich bedeutet, daß Gott mich zu einem solchen Dienst erwählt hat. Häufig habe ich Tränen geweint, wenn ich ein Lied, das in meiner persönlichen Klausur mit ihm geboren worden ist, im Chor- und Orchesterarrangement erklingen höre.

Doch es hat auch trockene Zeiten ohne neue Lieder gegeben. Auf gewisse Weise finde ich das ermutigend, machen mir doch solche Abschnitte klar, daß neue Lieder nicht von mir kommen und durch meine menschlichen Anstrengungen entstehen, sondern von Gott. Ihm sei alle Ehre und Herrlichkeit!

Mehr als Worte sagen können, ist es mir zum Segen geworden, einen Ehepartner zu haben, der mich unterstützt, zum Vorangehen ermutigt und mir sogar einen Teil der uns zufließenden Spendengelder zur Verfügung stellt, um meine Produktionskosten zu decken. Bis heute sind drei Sammlungen meiner Lieder in verschiedenen Alben erschienen, während sich ein viertes im Prozeß der Entstehung befindet. Mir gehen Briefe nicht nur aus Israel, sondern aus aller Welt zu, in denen Menschen mir schreiben, wie sehr meine Musik sie gesegnet hat.

Es war ein langer Weg, den der Herr mich geführt hat. Er hat mein Leben aus der endlosen Suche nach Wahrheit erlöst, indem er mir seinen Sohn Jeschua („Errettung") offenbarte. Er hat mich nicht nur zu sich selbst zurückgezogen, sondern mich auch um die halbe Welt fliegen lassen, damit ich im Land meiner Vorväter lebe. Und mein erlöstes Leben gebrauchet er nun, um zur Wiederherstellung von Lobpreis und Anbetung, die aus seinem ewigen Wort fließen, im Verheißenen Land beizutragen.

Eine Tochter Zions ist heimgekehrt!

Ausklang

Tatsächlich zogen wir in die geräumige Wohnung im Stadtzentrum um, wo wir in unseren eigenen vier Wänden große Versammlungen veranstalten konnten. Viele Lobpreisabende fanden dort statt, aus denen sich später eine kleine Gemeindearbeit ergab.

Ramons Holzverarbeitungsbetrieb wuchs und gedieh. 1986 sah er sich geführt, das Geschäft in eines der Industriegebiete vor der Stadt zu verlagern, wo er eine riesige Zimmermannswerkstatt einrichtete. Mitten im besten Geschäftsverlauf empfand Ramon im Februar 1987 im Gebet, daß er die Werkstatt zumachen solle, und dies, obwohl wir soeben erst unter hohen Kosten das neue Geschäftslokal bezogen und im vergangenen Geschäftsjahr mehr Gewinn gemacht hatten als in den fünf Jahren davor zusammengenommen. Der vorliegende Auftragsbestand reichte für drei Jahre.

Es dauerte zehn Monate, bis das Geschäft abgewickelt war. Nachdem wir keine Geschäftsverpflichtungen mehr hatten, kauften wir uns Rund-um-die-Welt-Flugscheine und machten uns auf der Stelle auf, um unsere Angehörigen zu besuchen. Während dieser Reise öffneten sich für Ramon Türen zu einem internationalen Verkündigungsdienst.

Kaum waren wir auf Reisen gegangen, als wir die Nachricht von der arabischen *Intifada* (Aufruhr) hörten, die zwei Wochen nach Schließung unserer Firma ausgebrochen war. Über Nacht waren die arabischen Dörfer, die sich wie Perlen an der Schnur entlang der Straße aufreihten, die zu unserem Gewerbegebiet führte, zu übelsten Rebellennestern geworden, voll von Leuten, die in der Jerusalemer Gegend Steine und Molotow-Cocktails warfen. Wir hörten von Firmennachbarn aus dem Gewerbegebiet, für die die Fahrten zur Arbeit und zurück zu lebensgefährlichen Unternehmungen geworden waren, so daß sie nur noch mit einer Hand lenken konnten, während die andere eine geladene Feuerwaffe hielt. Ein Betrieb wurde niedergebrannt. Der Herr hatte in seiner Treue Ramon gesagt, er solle schließen, Ramon hatte gehorcht, und als die Ausschreitungen begannen, waren wir auf der anderen Seite des Erdballs. Unsere Reise wurde zu einem Predigttrip: Wo wir hinkamen, wurden wir eingeladen zu sprechen.

Seit Ende 1987 hat der Herr uns in viele Teile der Welt geführt. Wir dienen in Lehre und Predigt, Musik und Gebet.

Ramon hat vier Bücher über die Israel betreffende biblische Prophetie geschrieben, in denen er zeigt, wie gegenwärtige Geschehnisse mit Gottes sich entfaltendem Plan für Israel und die Nationen zusammenhängen. Ich wurde und werde von Gott zum Lehren und Predigen, vorwiegend unter Frauen, gebraucht.

Wie gesagt, wurden meine Lieder in ganz Israel sowie vielen Teilen der Welt bekannt. Gegenwärtig arbeite ich an einem neuen Liedrepertoire. Im Blick auf die Nationen wird dieses Album nicht nur in Hebräisch eingespielt, sondern auch in mehreren zweisprachigen Versionen, also jeweils Hebräisch mit einer anderen Sprache kombinierend.

Doch meine Geschichte ist noch nicht zu Ende. 1996 bekam Ramon die Einladung, auf einer deutschen Konferenz zu sprechen, und entschloß sich, diesen Dienst zu einer Vortragsreise zu erweitern. Viele Dienstanfragen waren im Laufe der Jahre aus Deutschland gekommen, aber wir hatten ihnen noch nie Folge geleistet.

Ohne daß mir bewußt war, welchen inneren Kampf mir diese Reise verursachte, ertappte ich mich dabei, wie ich wieder und wieder die Kleider anprobierte, die ich unterwegs tragen wollte, ohne daß ich mir schlüssig werden konnte, was ich nun wirklich brauchte.

Nun ist das ja für eine Frau nichts Ungewöhnliches, aber mir fiel bald selbst auf, daß ich es gehörig übertrieb. Ich begann darüber zu beten und fragte den Herrn, wieso es mir so viel Mühe machte, meine Reisegarderobe zusammenzustellen. Er zeigte mir die Furcht, die tief in meinem Herzen verborgen war. Diese Furcht saß wirklich sehr, sehr tief und war erschreckend stark.

Erst vor kurzem hatte ich von der weinenden Haushaltshilfe gehört, die sich um mich gekümmert hatte, als ich ein kleines Kind gewesen war. Das hatte mir geholfen, eine bestimmte Traurigkeit zu begreifen, mit der ich im Lauf der Jahre immer wieder zu tun gehabt hatte. Auch wenn ich über diese frühe Kindheitserfahrung schon gebetet hatte, wollte Gott hier noch tiefer graben.

Jetzt, da ich verstand, was eigentlich in mir vor sich ging und daß es sich keineswegs um Kleiderfragen handelte, konnte ich um tiefere Heilung beten.

Als wir in Deutschland eingetroffen waren und uns in dem malerisch inmitten des berühmten Schwarzwaldes gelegenen Konferenzzentrum befanden, riet man mir, zwischen den einzelnen Veranstaltungen auf jeden Fall Waldspaziergänge zu unternehmen. Obwohl die ganze Landschaft von frisch gefallenem Schnee überzogen war, ließ ich es mir nicht nehmen, die Wanderwege zu erkunden. Tagtäglich ging ich spazieren, und während ich so unterwegs war, ertappte ich mich plötzlich bei sonderbaren Gedanken, die fast Halluzinationen glichen. Mir standen die Juden vor Augen, denen ich begegnet war und die sich während des Krieges in die Wälder geflüchtet hatten, wo sie von Wurzeln und Beeren lebten; und mir war, als würde ich all ihre schmerzlichen Gefühle selbst durchleben, und zwar in solcher Intensität, daß es schrecklich war. Ich fing an, auf jeden Schatten, jeden schwankenden Zweig zu reagieren, als seien die Häscher der SS hinter mir her, um mich abzutransportieren – eine Erfahrung, die ganz und gar nicht normal für mich war!

Ich erzählte Ramon von diesen Erlebnissen, wir beteten darüber, und ich erlebte eine gewisse Befreiung.

Vom Schwarzwald aus reisten wir in eine andere Gegend weiter, wo wir in einem Haus einquartiert wurden, in dem eine Mutter mit ihrer Tochter lebte. Die beiden Frauen behandelten uns ungemein freundlich und zuvorkommend und mästeten uns mit herrlichen Delikatessen – dennoch machte es mir Mühe, auch nur das Haus zu betreten, wo der erste Blick auf eine mit alten Photographien bedeckte Wand fiel. An zentraler Stelle hingen die Porträts von vier Nazisoldaten, zwei älteren und zwei jüngeren.

Das regte mich enorm auf. Ich begriff nicht, wie diese Menschen sagen konnten, sie liebten Israel und die Juden, und dann hatten sie fünfzig Jahre nach dem Krieg immer noch Nazibilder an der Wand hängen!

Doch die beiden Frauen waren so nett zu uns, und nachdem wir zwischen unseren Veranstaltungen schon etliche Tage in ihrem Haus verbracht hatten, fühlte ich mich ihnen irgendwann nahe genug, um die Ahnengalerie an der Wand anzusprechen – natürlich nur ganz im allgemeinen, Sie verstehen schon.

„Sagen Sie mir doch bitte", begann ich, „wer sind eigentlich all diese Verwandten auf den Bildern dort?"

Daraufhin setzte mir die Tochter auseinander, daß die eine Seite der Bilderwand die Familie des Vaters, die andere die der Mutter zeigte. Als sie zu den Soldaten kam, sagte sie: „Ja, und dann wurde von Vaters Seite erst sein älterer Bruder eingezogen, im weiteren Verlauf des Krieges auch noch der jüngere, und beide sind gefallen. Auf Mutters Seite passierte dasselbe. Die Uniformen mögen wir auch nicht, aber es war nun mal Krieg, und andere Bilder von ihnen haben wir nicht."

Da begann ich zu begreifen, daß auch sie einen Preis bezahlt hatten.

Meine Gastgeberin fuhr fort: „Als ich aufwuchs, war es mir verhaßt, Deutsche zu sein. Ich schämte mich so für das, was wir im Krieg getan hatten. Alles andere wollte ich sein, bloß nicht deutsch! Als ich dann den Herrn echt kennenlernte, veränderte er mein Herz. Ich merkte, daß ich sowohl vergeben als auch annehmen konnte, wer ich war."

Dieser Satz berührte mich tief. Wir fielen uns in die Arme und beteten füreinander.

Wenige Tage später waren wir in wieder einem anderen Haus zu Gast. Als wir morgens zum Frühstück kamen, erwartete uns unser vollbärtiger Gastgeber wortlos am Kopf der Tafel sitzend. Steif sagte er: „Ich habe lange darauf gewartet, einem Juden zu begegnen."

Dann wandte er sich tränenüberströmt zu mir und sagte: „Schauen Sie, mein Großvater war SS-Offizier, und seit ich vor Jahren Christ wurde, wußte ich, daß ich einem Juden begegnen mußte, um um Vergebung zu bitten."

Mir schmolz das Herz, und weinend beteten wir zusammen.

Durch diese Ereignisse setzte der Herr in mir einen sehr tiefgreifenden Heilungsprozeß in Gang. Darin wirkten die Liebe, die mir entgegengebracht wurde, und die Vergebung, die ich aussprechen konnte, zusammen.

Erst kürzlich wurde ich gebeten, ein Vorwort zu einem Buch mit ins Deutsche übersetzten hebräischen Liedern zu verfassen, das auch einige meiner Kompositionen enthalten sollte. Da gab es also Deutsche, denen es ein Herzensanliegen war, Zionslieder zu singen. Das bedeutete mir ungemein viel, besagte es doch, daß die Frucht des neuen Lebens, dessen wir uns hier im Verheißenen Land erfreuen, zu denen zurückfloß, die uns einst so bitteres Unrecht angetan und uns von sich fortgetrieben hatten.

Hier folgt der Text, den ich abfaßte:

> *Jede biblische Erweckung brachte eine neue Weihe des Tempels und besonders des Lobpreisdienstes mit sich. Sowohl Hiskia und Josia als auch Nehemia legten auf diese Neubelebung wert. Der Prophet Amos spricht von der Wiederherstellung der zerfallenen Hütte Davids in den letzten Tagen, die diesen Ort zu einer Stätte spontanen Lobpreises machen wird, und zwar bei Tag und Nacht. Ich glaube, das Erwachen einheimischer Lobpreismusik, dessen wir uns heute im Lande Israel erfreuen, ist die Erfüllung jener Verheißung.*
>
> *Wie es in jeder zeitgenössischen geistlichen Erweckung ist, werden neue Lieder geboren und verbreiten sich in alle Welt. Die Bedeutung des vorliegenden Liederbuchs liegt darin, daß es unsere Brüder und Schwestern in Deutschland teilhaben läßt an der Welle neuer Lieder, die in unseren Tagen von Israel ausgeht. Mich berührt es tief, daß nach der fürchterlichen Tragödie, die sich zwischen unseren beiden Völkern abgespielt hat, ein solcher Segensstrom möglich geworden ist. Möge er tiefere Heilung zwischen uns mit sich bringen!*

Je mehr die Jahre vergehen, um so schärfer wird mir die Erkenntnis, daß letztgültige Wahrheit nur in Gott zu finden ist und er diese Wahrheit durch sein lebendiges Wort offenbart. Es ist mir zur tiefsten Überzeugung geworden, daß die Wirklichkeit, nach der ich so lange hier auf der Erde suchte und forschte, ausschließlich in der geistlichen Welt, der Gegenwart Gottes, existiert. Ich habe gemerkt, daß Lebenssubstanz und bleibender Friede da entstehen, wo man seinen Willen tut, und daß die Kunst des Lebens darin besteht, so dicht wie möglich seinen unsichtbaren Spuren zu folgen.

Das ist unser Zeugnis. Gott ist treu und tut in unser beider Leben herrliche Dinge. Wo gewöhnliche Leute ihr Leben ihm hingeben, kann er es zu einem Segenskanal für andere machen. Für uns hatte er einen Plan; und in seiner großen Barmherzigkeit ist auch für Sie zweifellos ein Plan beschlossen.

> *Durch das Meer führt dein Weg und deine Pfade durch große Wasser. Doch deine Fußspuren erkannte niemand.* Psalm 77,20